원서발췌
작가의 일기

고전 명작을 읽는 가장 쉬운 길, '지식을만드는지식 원서발췌'

축약, 해설, 리라이팅이 아닙니다. 원전의 핵심 내용을 문장 그대로 가져옵니다. 작품의 오리지낼리티를 가감 없이 느낄 수 있습니다.
두껍고 읽기 어려워 책장을 덮어 버리곤 했던 고전을 발췌합니다. 해당 작품을 연구한 전문가가 작품의 정수를 가려 뽑아냅니다. 핵심만 읽기 때문에 더 빠르게 더 많은 고전을 읽을 수 있습니다. 제외된 부분은 중간중간 친절하게 요약 설명합니다. 풍부한 해설과 주석으로 전체 내용을 파악하는 데 무리가 없습니다. 정확한 번역, 적절한 윤문으로 10대에서 80대까지 누구나 쉽게 읽을 수 있습니다. 콤팩트한 사이즈와 분량이므로 간편하게 휴대할 수 있습니다. 수천 쪽의 고전을 발췌된 내용으로 읽고도 전체 의미를 파악할 수 있는 것이 지식을만드는지식 원서발췌의 매직입니다. 발췌율은 표지에 표시하고 발췌 방법은 일러두기에 상세히 밝힙니다.
고전 독자를 발췌 읽기에서 완역 읽기로, 더 나아가 원전 읽기로 안내합니다. 바쁜 현대인들에게 새로운 고전읽기 방법을 제시합니다.

원서발췌
작가의 일기

Дневник писателя

표도르 도스토옙스키(Фёдор М. Достоевский) 지음
이길주 옮김

대한민국, 서울, 지식을만드는지식, 2026

편집자 일러두기

- 《작가의 일기》는 1873년, 1876~1877년, 그리고 1880~1881년 사이에 도스토옙스키가 독자적으로 발간한 월간지입니다. 이 책은《작가의 일기》에 실린 글 중에서 도스토옙스키의 이념과 미학, 문제가 되는 평론, 그리고 현대적 감각에 맞는 글을 꼭지별로 14편 발췌해서 실었습니다. 전체의 10% 분량입니다.
- 이 책의 원전은 상트페테르부르크의 구소련 과학아카데미에서 1972~1990년 사이에 발간한 《도스토옙스키 전집(Ф. М. Достоевский, Полное собрание сочинений)》 21~27권입니다.
- (…)는 중략 표시입니다.
- 이 책의 주석은 모두 옮긴이가 붙인 것입니다.
- 외래어 표기는 현행 한글어문규정의 외래어표기법을 따랐습니다.
- 이 책의 주석은 모두 옮긴이가 붙인 것입니다.
- 외래어 표기는 현행 한글어문규정의 외래어표기법을 따랐습니다.
- 이 책은 2008년 12월 15일 한정판 '고전선집' 시리즈로 처음 출간했습니다. 2012년 3월 12일 표지를 바꿔 '천줄읽기' 시리즈로 다시 출간했다가 이번에 '원서발췌' 시리즈로 옮겨 출간합니다.

차례

작가의 일기

1873년 서문

12월 20일, 나는 내가 《그라즈다닌[1]》지(誌)의 편집자로 임명되었음을 알았다. 이 비상한 사태는 너무 간단히 일어났다. 12월 20일 그날 나는 마침 《모스크바 통보》지에서 중국 황제의 결혼식에 대한 기사를 막 읽던 참이었고, 나에게 그 기사는 상당히 인상적이었다. 아마도 매우 웅장하고 복잡했을 그 결혼식은 아주 순조롭게 진행되었다. 의식 절차가 매우 세밀한 부분까지 이미 거의 200여 권의 책자에 규정되어 천 년을 내려온 연유다. 중국의 그 결혼식과 나의 편집자 임명 건을 비교하다가 갑자기 나는 조국의 제도에 대한 열등감을 느꼈다. 아무리 나를 그렇게 쉽게 인정해 주었지만, 만약 메셰르스키 공작과 내가 《그라즈다닌》지를 이곳이 아닌 중국에서 발행한다면 비교할 수 없을 만큼 훨씬 더 성공적일 것이라는 생각이 들었다. 그곳에서는 모든 것이 명백하다…. 우리 둘은 정해진 날짜에 함께 출판 담당 지역 사무국에 출두할 것이다. 우리의 이마를 마룻바닥에 부딪고, 그리고 바닥을 혀로 핥

---

1) 그라즈다닌(Гражданин) : 시민.

은 후 곧 일어나서 머리를 숙여 경의를 표시하며 코앞에 우리의 식지를 들어 올릴 것이다. 물론 출판 담당 사무국장은 방 안에 날아다니는 파리만큼이나 우리에겐 전혀 관심이 없다는 듯한 태도를 보일 것이다. 그러나 그의 제3서기관의 제3보좌관은 일어서서 내게 수여할 편집자 임명장을 두 손에 쥐고 임명식에 걸맞은 준엄하면서도 상냥한 목소리로 낭독할 것이다. 그리고 그 명료하고 분명한 선언을 들으며 우리는 함께 커다란 기쁨을 느낄 것이다. 그런데 만약, 중국에서 그렇게 마음이 우둔하고 순수했더라면 나는 편집자 임무를 맡으며 내 능력의 한계를 인식하고 두려움과 양심의 가책을 느꼈을 것이다. 그러나 나는 곧 그런 감정을 즐기면서 내가 우둔하다는 것을 더 분명하게 입증하게 될 것이다. 정확히 말하자면 그 순간부터 나에게는 지혜가 전혀 필요하지 않을 것이다. 만약 그것이 있다면 오히려 불행이 될 것이며, 그것이 전혀 없는 상태야말로 비교할 수 없을 만큼 다행일 것이다. 그리고 그것은 진정 듣기 좋은 선언일 것이다. 아마 그 선언은 이렇게 아름다운 구절로 끝날 것이다. "편집인이여, 가라! 이제 자네는 양심의 평온 속에 밥과 차를 먹고 마실 수 있게 되었노라." 그리고는 제3서기관의 제3보좌관이 나에게 붉은 비단에 금빛 글자를 수놓은 아름다운 임명장을 수여할 것이다. 메셰르스키 공작은 물론 적지 않은 뇌물을 바칠 것이고, 우리는 함께 집으로 돌아오자마자 곧바로, 이곳에서는 결코 내놓을 수 없는 거창한《그라즈다닌》지를 발간할 것이다. 중국에서라면 우리는 정말 훌륭하게 출간할 수 있을 것이다.

그러나 중국에서 나는 메셰르스키 공작이 단지 출판 담당 지역 사무국에 대나무 회초리로 발바닥을 맞으러 소환될 때에 자기를 대리해서 보낼 목적으로 나를 편집자로 이용하지 않을까 의심한다. 그러나 나는 그의 꾀를 앞지를 것이다. 나는《비스마르크》지[2]의 출판을 즉각 중단할 것이고, 오히려 내 자신이 바로 온전한 논설을 낼 것이며, 그렇게 해서 나는 대나무 회초리 의식에 매 2호 출간 당 한 번씩만 초대될 것이다. 그 대신 나는 쓰기를 배울 것이다.

중국에서는 내가 온전히 쓸 수 있을 것이다. 여기에서는 그것이 훨씬 어렵다. 그곳에선 모든 것이 천 년 후까지 예정되고 계산되지만, 여기에선 모든 것이 천 년 후까지 거꾸로 놓여 있다. 그곳에서 나는 명료하게 쓸 수 있을 것이다. 과연 누가 내 글을 읽을지 알 수 없기 때문이다. 그

2) 메셰르스키 공작을 빗대어, '시민'이 아닌 철혈재상인 '비스마르크'에 빗대어 조롱하겠다는 뜻이다.

러나 이곳에서 사람들이 내 글을 읽게 하기 위해서는 글을 모호하게 쓰는 것이 유리하다. 놀랍게도《모스크바 통보》에 실린 논설 중에 명료한 주장은 약 한 장 반 분량뿐이다. 그것도 알려진 필자일 경우다.《골로스[3]》지에는 그러한 논설이 심지어 열세 개나 실려 있다. 이러한 현상이 보여주는 바는 얼마나 많은 지면이 독자에게 존경심을 강요하는 데 낭비되어야 하는가이다.

(…)

우리는 단지 중국의 복제품에 불과한지도 모르겠다. 질서정연함만 제외한다면 말이다. 우리는 이제 중국에선 끝나가는 현상을 막 시작하고 있다. 우리도 물론 끝을 보게 될 것이다. 그러나 그 끝은 언제가 될 것인가? 천 권에 이르는《예전서》를 받아들이고, 궁극적으로 무에 대한 고찰의 권한을 얻고자 적어도 천 년은 우리는 명상에 빠져 살아야 할 것이다. 그런데 그 누구도 이 시간을 단축하고 싶어 하지 않는다. 그 누구도 깊이 생각하고 싶어 하지 않기 때문이다.

일반적 진실을 말하자면, 만약 아무도 깊은 숙고를 원치 않는다면 러시아 작가들은 훨씬 편할 것이다. 사실 그

3) 골로스(Голос) : 목소리.

들은 쉬운 길을 원한다. 그리고 오늘날 깊은 생각에 잠기는 문학자와 편집자는 고통스럽기만 하다. 더구나 자신의 의지로 사물을 연구하고 이해하려고 애쓰는 인물은 더욱 고통스러울 것이며, 그러한 자신의 의도를 솔직히 공개하는 인물은 더욱더 고통스러울 것이다. 그러나 만약 그가 감히 무언가 터득했다고 공언하고, 그리고 자신의 사상을 표명하려 한다면 곧 모든 사람에게 버림받을 것이다. 그는 모든 것을 잃을 것이고, 결국 적당한 인물을 찾거나, 아니면 고용해서 말동무로 만들고, 아마 자신만을 위한 잡지를 출판하게 될 것이다. 혐오스러운 상황이다. 자신의 도락을 위해 정기간행물을 출간하는 것은 마치 자기 자신에게 혼잣말하는 것과 다름없기 때문이다.

나는 이 앞으로 꽤 오랜 기간 자신에게 이야기하고 자신의 쾌락을 위해서 존속하리라는 강한 의구심을 지울 수 없다. 단도직입적으로 말해서, 의학적 정의에 따르면 자신과의 대화는 정신 착란(광기)의 전조다. 우리의 《그라즈다닌》지는 필연적으로 시민들과 대화해야만 하며, 그 속에 모든 불행과 문제가 있는 것이다!

결국 이렇게 나는 이 출판업에 뛰어들게 되었다. 내 상황은 매우 불확실하다. 그러나 이 일기 형식을 통해 나 역시 자신과 대화하고, 나의 쾌락을 위해 말할 것이며 다른 일들은 흐르는 대로 놓아둘 것이다. 무엇을 말할 것인가? 나는 내게 인상적인 모든 것, 그리고 나를 생각에 빠지게 하는 모든 것에 대해 이야기할 것이다. 그리고 만약, 우연히 한 명의 독자라도 발견해서, 그럴 리는 없지만, 그가 반론한다면 나는 어떻게 말해야 할지, 누구에게 어떤 방식으로 말해야 할 것인가를 이해해야 할 것이다. 우리에게, 다시 말해 문학계에 이 과제만큼 어려운 일은 없기에 나는 이 과제를 완수하고자 노력할 것이다. 더구나 반론하는 자의 유형은 항상 아주 다양하다. 그들 모두와 이야기가 통하지는 않겠지만.

(…)

《작가의 일기》 1873년 창간호

옛 사람들

벨린스키에 대한 이 일화는 지금 나에게 내가 문학계에 처음 발을 들여놓았던 시절을 떠올리게 한다. 아, 얼마나 오래전 일인가? 그 시절은 정말 슬프고도 운명적 시간이 아니었던가? 지금까지도 나는 그와 처음 만났던 장면과 그때 그가 나를 어떻게 대했는지를 생생하게 기억한다. 요즘 나는 자주 옛날 사람들을 떠올린다. 그것은 내가 근래 새로운 사람들을 만나기 때문이다. 벨린스키는 내가 지금껏 만난 사람들 중에서 가장 열정적인 성격을 가진 인물이었다. 게르첸은 완전히 달랐다. 그는 귀족 계층의 산물이며, 무엇보다도 '러시아 귀족이며 세계시민'이다. 바로 러시아에서 나타난 타입이며, 러시아 외의 어느 곳에서도 나타날 수 없는 유형인 것이다. 게르첸은 이민을 가지 않았다. 그는 절대 러시아 이민의 선구자가 아니다. 아니다. 그는 애초에 이민자로 태어났다. 그들도 모두 그와 똑같이, 비록 그들 대부분 러시아를 한 발짝도 떠나본 적 없을지라도 우리 땅에서 그들은 이민자로 태어났다. 러시아 귀족들의 지난 150년 동안 삶의 역사 속에, 아주 드문 예외를 제외하고는, 그들의 깊은 뿌리는 썩어 있었고 러시아의 대지와 러시아적 진리에서 이탈되어 있었다. 역사 자체가 그렇게 아주 명백한 타입으로 게르첸을 잉태하고, 그리고 우리 지식 계급의 대부분을 민중과 결별하게 했다. 그러한 측면에서 그러한 유형은 역사의 산물이다. 그들은 민중으로부터 격리되었고, 자연히 신까지 잃게 되었다. 그들 중 특히 성급한 자들은 무신론자가 되었고 나아가 더 무감각하거나 냉담한 자들은 아주 무관심으로 일관했다. 그들은 러시아 민중에겐 실제로는 단지 경멸감을 보이면서도, 다만 자신들은 민중을 사랑하며 그들을 위해 최선을 기원한다고 믿고자 했다. 그러나 그들은 민중을 부정적으로 사랑했다. 즉 그들은 일정한 이상적 인물을 염두에 두고, 예를 들자면 그들의 견해에 맞춘, 당위적인 러시아 민중상을 마음에 품었던 것이다. 그러한 이상적 민중이란 그들 대중의 몇몇 진보적 대표자들의 마음속에서 1893년 파리 폭동에 비자발적으로 참여한 사람들이었다. 당시 그것은 가장 매혹적인 민중의 이상형이었다. 게르첸은 당연히 사회주의자가 되어야만 했고, 그것은 당시 귀족의 아들로 유행을 따른 것뿐이었다. 즉 그것은 그 어떤 필요성이나 목표도 없이, 단지 '논리적 관념의 흐름'의 결과며 조국에서의 공허감에 기인한 결과였을 뿐이다. 그는 기존 사회의 근간을 부정했다. 그러나 그는 가족을 부정하면서도 한편 자신은 좋은 아버지이자 좋은 남편이고자 했다. 그는 재산을 부정했다. 그러나 한편으로 자신의 일을 가졌고, 외국에서 재정적 안정을 즐기기도 했다. 그는 혁명을 추동하고 다른 사람들에게 참여를 선동했다. 그러나 그는 동시에 안락과 가정의 평화를 사랑했다. 그는 예술가, 사상가, 뛰어난 작가, 매우 박식했고, 위트와 기지가 뛰어난 인물이자 훌륭한 담론가(그는 자신이 쓴 문장보다 말을 더 잘했다)였고, 매우 뛰어난 반성 철학가이기도 했다. 그의 반성은 주로 가장 속 깊은 개인적 감상을 자연스럽게 대상화해서 다시 자신 앞에 제기하는 능력으로, 그 대상을 숭배하는 듯하다가 1분 후 다시 조롱하기도 하는 능력이었다. 이 능력은 고도로 발달해서 내재되었다. 말할 것도 없이 그는 비상한 사람이었다. 그러나 그가 무엇을 했든, 그가 자신의 회고록을 쓰고 프루동과 함께 잡지를 발간했든, 또는 파리의 바리케이드를 올랐든(이 장면을 그는 회고록에서 그토록 코믹하게 묘사했다), 그가 불행했건 또는 행복했건, 또는 불신에 고민했건, 1863년에 그가 비록 믿지는 않았지만, 폴란드인들을 즐겁게 해주려고 러시아 내에서 러시아 혁명가들을 향한 선언문을 보내고 곧 그들이 자신을 기만한 것을 알고, 그리고 그의 격문이 수백 명의 이들 불행한 젊은이들을 파멸시킨 사실을 알았지만 더구나 차후 그는 자신의 논문에서 그 사실을 그렇게 놀랄 정도로 솔직히 고백하기도 했지만, 자신의 그러한 언명이 세상에 어떻게 비칠지 인식하지 못했을지라도 그는 변함없이, 전 생애를 어디서나 '러시아 귀족이자 세계시민'이었으며, 그가 증오하던 과거 노예 상태의 산물일 뿐이었다. 더 정확히 말하자면 그가 자신의 조국 대지와 그 땅의 이상과 단절된 결과 배태된 유형이었다. 벨린스키, 그는 반대로 결코 러시아 귀족이 아니었다. 오, 아니다(그는 과연 누구의 후예란 말인가? 그의 아버지는 아마 군의관이었던 듯하다).

벨린스키는 기본적으로 반성 숙고하는 인물이 아니었다. 그러나 그는 전 생애를 끊임없는 열정으로 살아간 인물이었다. 나의 첫 소설 《가난한 사람들》이 그를 감격시켰던 적이 있다(그러나 그 후, 약 1년 후 우리는 별것 아닌 사소한 이유로 결별했다). 그렇지만 당시 우리가 서로 알게 된 초기에 그는 진심으로 내게 애착을 보이며 순진할 정도로 성급히 자신의 교의로 나를 이끌려 노력했다. 나는 결코 나에 대한 그의 열정적 애착을 과장하려는 것이 아니다. 적어도 우리가 만나고 난 후 몇 달 동안은 정말 그랬다. 나는 그가 진정 열정적인 사회주의자임을 알게 되었고, 곧 그는 나와 무신론으로부터 시작했다. 그의 놀라운 통찰력과 하나의 관념에 깊이 천착해 가는 비상한 능력은 내게 매우 인상적이었다. 약 2년여 전에 인터내셔널은 "무엇보다 우리는 무신론적 사회다"라는 직선적이고 의미 깊은 선언으로 시작하는 성명을 발표했다. 그것은 이미 벨린스키가 공언한 논지의 핵심이기도 했다. 벨린스키는 무엇보다 이성, 과학, 그리고 리얼리즘을 중시하며, 그러나 동시에 이성, 과학, 사실주의만으로는 인간이 공생할 수 있는 사회적 '조화'가 아닌, 단지 '개미집'을 만들 뿐이라는 사실을 깊이 깨닫고 있었다. 그는 모든 인간의 근본은 윤리적 원칙이라는 것을 알았다. 그는 바로 사회주의의 새로운 기본 윤리 원칙을 그 어떤 의구심 없이, 맹목적 수준까지 확신했다(그러나 그것은 현재까지 자연과 상식에 대한 염증 날 정도의 왜곡일 뿐이라는 것이 드러났다). 거기에는 다만 그의 열광이 존재할 뿐이었다. 그러나 사회주의자로서 그는 먼저 기독교를 분쇄해야만 했다. 그는 혁명이란 무신론과 함께 시작되어야 하는 것을 알았다. 사회의 윤리적 근간이 그에 의해서 부정됨에 따라 그는 종교를 폐위시켜야만 했다. 무엇보다도 그는 가족, 재산, 개인의 윤리적 의무감을 격렬히 거부했다(나는 게르첸과 마찬가지로 벨린스키 역시 좋은 남편이자 아버지였다는 것을 안다). 의심할 여지없이 그는 인간의 윤리적 의무감을 부정함으로써 자신의 자유조차 부정하게 된다. 그럼에도, 그는 사회주의란 인간의 자유를 파괴하지 않을 뿐 아니라 반대로 그 어떠한 권위적 형상 속에, 그리고 하나의 새롭고 견고한 기반 위에 그것을 재건하리라는 것을 믿어 의심치 않았다(그는 게르첸보다 훨씬 맹목적으로, 그러나 결국은 후에 의구심을 가지는 듯했지만). 그러나 결국 지상에서 결코 부정할 수 없는 그리스도의 빛나는 현현이 존속하는 것이다. 사회주의자로서 그는 그리스도의 가르침을 분쇄할 의무감에 충만해서 기독교를 현대 과학과 경제학적 원리로 대체될, 허위이자 무지한 박애정신일 뿐이라고 했다. 그러나 그리스도는 축복 깃든 이미지로서 그의 윤리적 불가침성과 경이롭고 신비한 아름다움의 구현으로 남은 것이다. 하지만 벨린스키는 거침없고 집요한 논리를 통해 이 거대한 장애물 앞에서도 멈추지 않았다. 그것은 마치 그리스도가 인간의 아름다움의 최고 권화이며, 장래에도 결코 재현될 수 없는 불가해한 유형이라는 사실에 대한 회의의 논지를 담은 책 《예수전(傳)》 속에서 보여준 르낭[4]의 그것과 같다.

---

4) 르낭(Joseph Ernest Renan, 1823~1892) : 프랑스의 사상가이자 종교사가, 언어학자다. 프랑스 실증주의 대표자의 한 사람이다. 주요저서인 《그리스도교 기원사(Histoire des origines du christianisme》(7

"당신은 아십니까?" 하며 그는 어느 날 저녁 나를 향해 외쳤다(때론 그는 매우 흥분된 상태에서 자주 비명에 가까운 외침을 내뱉곤 했다). "당신은, 인간을 죄로 다스리려 하거나, 죄책감으로 인간을 억누르거나, 다른 뺨을 내놓는 것이 불가능하다는 사실을 아십니까? 그것은 특히 이 사회가 경제적인 이유로 악행을 피할 수 없는 상황 속에 인간이 악행에 물들지 않을 수 없는 수준으로 사회가 구성되어 있기 때문입니다. 더구나 인간이 아무리 원한다 해도 자연법칙에 의해서 지킬 수 없는 것을 인간에게 요구한다는 것은 불합리하고 잔인한 일이며…."

그날 저녁 그곳엔 우리 둘만 있었던 것이 아니다. 그곳에는 여러모로 벨린스키를 매우 존경하고 그에게 복종하던 그의 친구 중 하나가 있었다. 또 한 명은 꽤 젊은 작가 지망생으로, 후에 문학계에 명성을 떨치게 된 인물이다.

"나는 지금 그를 보며 감동까지 느낍니다." 벨린스키는 갑자기 그의 격정적인 절규를 멈추고, 나를 가리키며 그의 친구에게 말했다. "내가 그리스도를 거론할 때마다 매번 그의 얼굴은 표정이 바뀝니다. 그는 마치 막 울음을 터뜨

권, 1863~1883) 중 제1권은 유명한 《예수전(Vie de Jesus)》(1863)으로 국내외에 커다란 파문을 불러일으켰다.

릴 것 같군요…. 그러나 순진한 분이시여, 나를 믿으시오." 그는 다시 나에게 달려들 듯 바라보았다. "나를 믿으세요. 만약 당신의 그리스도가 이 시대에 태어났다면 그는 어디에서도 빛을 보지 못할 것이며 극히 평범한 인물이 되었을 것입니다. 현대 과학과 현대 인류의 추동력 앞에서 그는 슬그머니 사라질 것입니다!"

"오, 아니요!" 벨린스키의 친구가 끼어들었다(내 기억으로 우리는 앉아 있었고, 그는 방 끝에서 끝으로 왔다 갔다 했다). "오, 아니오! 만약 그리스도가 오늘날 나타난다면, 그는 우리의 운동에 참여하고 앞장설 것이며…."

"그렇습니다. 물론, 그렇습니다." 벨린스키는 매우 성급하게 동의를 표했다. "바로 그는 사회주의자들과 합칠 것이며 그들을 따를 것입니다."

이러한 인류의 선도자들, 특히 그리스도가 연대할 주요 당대 인물들은 프랑스인들이었다. 누구보다 조르주 상드와 지금은 완전히 잊힌 쿠르베, 르루,[5] 그리고 당시 막 활동을 시작한 프루동이 그들이다. 내가 기억하는 한, 이

---

5) 르루 (Pierre Leroux, 1797～1871) : 프랑스의 범신론 철학자, 경제학자, 정부 관리. 자신이 참여해 만든 여러 신문과 평론잡지를 통해 사회주의를 주창했다. 조르주 상드와 함께 《독자 논평(Revue Indépendante)》(1841)을 창간했다.

들 네 명은 당시 벨린스키가 가장 존경하는 인물들이었다 ―푸리에는 이미 그의 명성을 잃은 상태였다. 그의 집에서 이들에 관한 논쟁이 밤새 이루어졌던 것이다. 벨린스키가 매우 숭배하던 또 하나의 인물로 독일인 포이어바흐가 있었다(벨린스키는 평생 그 어떤 외국어도 배우지 못했고, 그를 '피에르바흐'로 발음했다). 슈트라우스에 대해서도 존경심으로 언급하였다.

그의 관념에 대한 이러한 따뜻한 믿음 속에 벨린스키는 물론, 사람들 사이에 가장 행복한 인물이었다. 아, 그 후 벨린스키가 좀 더 오래 살았다면 슬라브주의에 합류했을 것이라고 썼던 말들은 허구였다. 그는 결코 슬라브주의에 귀착하지는 않았을 것이다. 아마 벨린스키는 더 오래 살았고 이민을 갈 수 있었더라면, 결국 이민을 선택했을 것이다. 그렇다면 그는 지금쯤, 감격에 찬 작은 노인이 되어, 조금의 의심도 허락하지 않고 자신의 예전 그 따뜻한 신념을 지니고 독일과 스위스의 집회장 어딘가를 돌아다니고 있거나, 그 어떤 독일 마담 '헤그'의 부관으로 등록하고 어떤 여성 문제에 관여하며 분주할 것이다.

이렇게 축복받은 이 인물은 그처럼 놀랍도록 평온한 양심을 지녔음에도 가끔 슬픔에 빠지기도 했다. 그러나 그 슬픔은 특별한 종류의 것이었다. 그것은 의구심 때문도, 실망 때문도 결코 아니었다. 그것은 바로, 왜 오늘이 아니고, 왜 내일도 아닌가 하는 의문 때문이었다. 그는 전 러시아에서 가장 조급한 사람이었다. 한번은 나는 한낮 3시쯤 그를 즈나멘스키 사원 부근에서 만났다. 그는 산책 나왔다가 집으로 돌아가는 길이라고 했다.

"나는 저 건설이 어떻게 진행되고 있는지 보러 이곳에 자주 나옵니다(니콜라옙스키 철도역이 당시 건설 중이었다). 여기 서서 저 작업 현장을 보노라면, 드디어 우리도 비록 한 개나마 철로를 갖게 되는구나 하고, 내 마음이 위로가 됩니다. 그런 생각이 가끔 나의 마음을 얼마나 위로하는지 당신은 믿을 수 없을 것입니다."

그의 어조는 뜨겁고 만족에 차 있었다. 벨린스키는 결코 우쭐대는 법이 없었다. 우리는 함께 걸었다. 내 기억으로 그는 길에서 내게 이렇게 말했다.

"그런데 말이지요, 결국 나를 무덤에 파묻고 나서야(그는 자신이 결핵에 걸린 것을 알고 있었다) 그들이 누구를 잃었는가를 깨닫게 될 것입니다."

그의 생애 마지막 해에 나는 그를 방문하지 않았다. 그는 나를 별로 좋아하지 않았다. 그러나 나는 그의 모든 가르침을 열렬히 품어 안았다. 또 한 해가 지나고, 토볼스크에서 우리가 앞으로의 숙명을 기다리며 감옥의 호송 마당에 앉아 있을 때, 12월 당원의 부인들이 간수들을 설득해 결국 그의 아파트에서 우리와의 비밀 만남을 이루어내었던 것이다. 우리는 자신들의 남편을 따라 자원해서 시베리아로 온 이들 위대한 수난자들을 만났다. 그들은 모든 것을 포기했다. 영예도, 재산도, 지인과 일가친척도 버리고, 고귀한 윤리적 의무와 고도의 자유 의무를 위해 모든 것을 희생했던 것이다. 그들은 아무 죄도 없이 그 긴 세월 25년 동안 죄수 남편들이 겪은 모든 고통을 감내하고 있었다. 만남은 한 시간 동안 이루어졌다. 그들은 새로운 길을 떠날 우리를 축복해 주었다. 그들은 우리에게 성호를 그어주고 감옥 안에서 유일하게 허용된 복음서를 나눠주었다. 그 책은 유형 중 4년간 나의 베개 밑에 놓여 있었다. 나는 가끔 그것을 읽었고 남에게 읽어주기도 했다. 나는 그것을 한 죄수에게 글을 가르치는 데 이용하기도 했다. 내 주위에는, 벨린스키의 신념에 따르면 이른바 죄를 짓지 '않을 수 없었던', 올바를 수도 있었고 단지 다른 사람보다 운이 없었던 바로 그런 사람들이 있었다. 나는 모든 러시아 민중들이 우리를 또한 '수난자'로 부르고 있었던 것을 알았고, 이 호칭이 많은 사람 입에서 수없이 많이 불러졌다는 것을 들었다. 그러나 거기엔 무언가 다른, 벨린스키가 말한 것과는 완전히 다른, 오히려 일부 우리 배심원들의 다른 평결과 비슷하게 들리는 것이 있었다. '수난자들'이란 용어 속에서, 민중의 평결 속에서 다른 생각을 들을 수 있었다. 4년간의 유형은 긴 세월의 학교였다. 나는 나 자신에게 확신을 가질 시간을 가졌다…. 이제 이것이 바로 내가 지금 논의하고자 했던 것이다.

《작가의 일기》 1873년 2월호

공상과 환상

우리는《그라즈다닌》지의 지난 호에서 다시 음주에 대해서 또는 전 국민적인 음주의 해악을 치유할 가능성에 대해 논의했다. 또한, 우리의 희망에 대해, 그리고 더 나은 가까운 미래에 대한 우리의 믿음에 대해 언급한 바가 있다. 그러나 우리의 마음속엔 벌써 오래전부터 뜻하지 않은 우수와 의혹이 깃들고 있다. 물론 우리는 당면한 중대사에 파묻혀(우리나라 사람들은 모두 꽤나 바쁜 표정을 짓고 있다) 10년 뒤, 또는 100년 뒤의, 즉 우리가 사라지고 난 뒤의 세상일은 꿈에도 생각할 틈도 없고 그런 물음은 바보스럽게 치부된다. 현대 직업인의 좌우명은 "나 없는 뒤에야 홍수가 나든 말든 내 알 바 아니다"이다. 그러나 일이 없는 한가로운 사람들이라면, 그리고 그것이 단순한 공상이라면, 가끔 미래에 대해서 공상도 해볼 수는 있다. 포프리신[6]도 스페인 문제까지 공상했다. 그는 40년 전에 이미 "이런 모든 사건이 나를 그리도 괴롭히고 충격을 주기 때문에 나는 …" 운운하며 썼던 것이다. 나도 고백하자면

6) 포프리신 : 고골의《광인 일기》주인공.

어쩌다 여러 가지 하찮은 일에 충격을 받고 나의 공상 때문에 우울해지는 일까지 있었다. 얼마 전에도 나는 유럽의 강국으로서의 러시아의 위상에 대한 공상에 빠지고, 곧이 우울한 주제로 해서 머릿속이 온통 그리도 복잡해지고 말았던 것이다!

요는 우리가 어떻게 해야 빨리 유럽의 강국이 될 수 있는가의 문제이다. 그러나 러시아가 강국이 된다 해도 그 비용이 우리에게 너무나 비싸게 먹힌다는 점이다. 다른 강국보다도 훨씬 비싸게 먹힐 것이라는 정말 좋지 않은 징후가 보인다. 결국, 그것은 부자연스럽기까지 하다. 그러나 단적으로 보면 그것은 다만 서구파적 관점의 판단일 뿐이며, 나 자신도 이 관점에 서면 실제 그런 결론이 도출되는 것이다. 그러나 민족적인 견지, 이른바 어느 선에서 슬라브파적 입장에서 보면 이야기가 좀 달라진다. 여기에는 알려진 바와 같이 민족의 그 어떤 내면적 본연의 힘과, 우리 민족 고유의 그 어떤 본원적 근본에 대한 믿음이 있다. 특히 그것은 우리 민족에게만 있는 것이며 이로써 민족을 구원하고 지탱해 내는 근간이 된다. 그러나 나는 피핀의 논문을 읽고 갑자기 미몽에서 깨어났다. 나는 물론 우리 러시아 민족이 값지고 굳건하며 고유한 본원을 실제로 보존하기를 충심으로 바라 왔다. 그렇지만, 피핀 자신조차도 보지도 듣지도 못했고 도저히 짐작도 안 되는, 숨겨져 있는지 숨어 있는지 아무래도 찾아내기 어려운 이 본원은 도대체 어떤 것일까? 그러므로 나도 어쩔 수 없이 내 마음을 위로해 줄 그 본원에 대한 정확한 이해를 회피할 것이다. 그런 식으로 우리는 앞으로 한동안 강국이라는 영광의 정상에 달라붙어서 모든 노력을 다해서 이웃 나라들이 너무 일찍 그것을 알아채지 못하도록 버티고 있을 것이다. 여기에는 러시아에 대한 유럽의 전반적 무지가 크게 도움이 될 것이다. 적어도 아직 이 무지는 의심의 여지가 없으며 이것은 결코 우리가 슬퍼할 일이 아니다. 오히려 만일 이웃 나라가 우리 러시아를 현재보다 더 명료하고 소상하게 관찰한다면 우리에게는 매우 불리한 일이다. 그들이 우리의 저력에 대해서 오늘날까지 전혀 모르고 있다는 것이야말로 우리의 큰 강점이다. 그러나 어떤 면에서 이제는, 아차, 유감스럽게도 그들이 우리를 이전보다 너 살 이해하기 시작한 듯하다. 이것이 바로 매우 위험한 일이다.

강대한 이웃이 부단히 우리를 연구해서 이미 많은 것을 통찰한 듯하다. 소소한 일은 접어두고 눈에 띄는 아주 명백한 실례를 들어보자. 우리나라의 광대한 공간과 국경 상황을 놓고 보자(그곳에는 많은 이민족과 타 종족이 늘어나고 개별적인 이민족적 특성이 해마다 강화되어 가고, 또 부분적으로는 이웃 나라의 다른 이민족적 요소가 점점 더 늘어간다). 한번 생각해 보시라. 러시아는 전략적으로 취약한 곳이 얼마나 많은가 말이다. 그렇다. 이 큰 영토를 지키려면 이웃 나라보다 훨씬 많은 병력을 유지해야 한다(다만 나는 군인이 아닌 문관의 입장에서의 의견이다). 다시 강조하건대 현대의 전쟁은 무기보다는 두뇌에 의존한다는 것을 볼 때 최근 정황은 우리에게 불리하다는 것에 누구나 동의할 것이다.

현대에는 거의 10년마다 무기가 바뀐다. 아니 그보다도 자주 무기가 바뀐다. 약 15년 후에는 아마도 총이 아니라 번개 같은 것으로, 모든 물건을 태워버리는 그 어떤 기계에서 나오는 전류 같은 것을 쏘아댈지도 모른다. 우리 이웃 나라들을 놀라게 할 비장품으로 간직해 두기 위한 그런 종류의 어떤 무기를 우리가 과연 발명할 수 있는지 묻고 싶다. 15년 후쯤에 모든 강국이 만일의 경우를 대비해서 이런 비장품을 만들어 은밀히 보유하게 된다면 어떻게 될까! 슬프게도 우리는 다른 나라로부터 무기를 사들이고, 기껏해야 후에 우리 능력으론 그것을 수선하는 정도가 될 것이다. 그러한 기계를 발명하려면 사들일 것이 아니고 모방하지 않는 자체적 역량의 과학이 있어야 한다. 뿌리를 내린, 자유로운 우리의 과학이 필요한 것이다. 그러나 우리나라에는 그러한 과학이 아직 존재하지 않는다. 더구나 수입된 것조차도 없다.

또한 예를 들어 우리의 철도를 보자. 국토 면적과 우리의 가난을 함께 생각해 보아야 한다. 우리나라의 자본과 다른 강국의 자본을 비교해 볼 때 미래 강국으로서의 러시아가 되려면 철도망 건설의 비용이 얼마만큼 들지 생각해 보자. 그런데 주목할 점은 다른 강국에서는 철도망이 오래전에 건설되었고 그것도 차례대로 건설되었던 것이고, 우리는 지금 그것을 서둘러야 한다는 것이다. 다른 나라는 국경이 좁은데 우리는 마치 태평양 전체가 감싼 듯하다. 우리는 이미 그리고 지금까지 우리나라 철도망이 시작부터 얼마나 비싸게 먹혔는지를 뼈저리게 느끼고 있다. 결국, 우리의 가난한 농업에까지 그리고 다른 산업에 피해를 주면서까지 자본을 한 방면에 쏟아 부어야 하는 고통스러운 결과를 가져왔던 것이다. 물론 국력 신장의 단계에서 금전적 투입량으로 따질 수는 없다. 다시 말해 우리의 부족함이나 빈곤을 일일이 열거하자면 끝이 없다. 마지막으로 또 하나, 교육과 과학을 살펴보면, 우리가 이런 의미에서 얼마나 다른 나라에 뒤처져 있는지 이해가 되리라고 생각한다. 나의 빈약한 판단력으로도 우리가 여러 강국중의 어느 하나라도 따라가려면 적어도 군사 부문에 쓰는 만큼은 교육 부문에 투자해야 한다. 물론 이미 시기가 너무 늦어버렸고, 그런 엄청난 돈이 지금 우리에게는 없으며, 결국은 이것은 모두 단지 한 충격 요법이며 정상적 치유책이 아니라는, 즉 정상적 교육과 과학이 아니라는 점도 고려해서 말이다.

이 모든 것이 나의 공상에 지나지 않으리라는 것도 지당하다. 그러나… 되풀이하건대 간혹 나도 모르게 이런 공상을 하게 된다. 그래서 그러한 공상을 계속해 보고자 한다. 아시다시피 나는 지금 모든 것을 돈으로 환산하고 있다. 그러나 이것이 과연 정확한 계산일까? 돈으로 모든 것을 살 수 있는 것은 아니다. 그렇게 단순한 생각을 할 수 있는 사람은 아마 오스트롭스키[7]의 희극에 나오는 못 배운 장사꾼이라면 몰라도. 예를 들어, 돈으로 학교를 얼마든지 세울 수는 있지만 교사를 당장 양성해 낼 수는 없다. 교사 문제는 꽤 미묘한 것이며, 참다운 국가적, 민족적 교육자는 몇 세기에 걸쳐 전통과 수없는 경험이 뒷받침되어 양성되는 것이다. 그러나 만약 돈의 힘으로 교사뿐만 아

---

7) 오스트롭스키 : 러시아의 극작가(1823~1886). 상인, 지주, 관리의 탐욕과 횡포, 위선을 꼬집고 그들에게 학대받는 사람들의 분노와 비애를 그린 작품을 주로 썼다.

니라 학자까지도 줄줄이 만들어낸다면 그 결과는 과연 어떨까? 역시 사람은 만들어질 수 없다. 만일 어느 학자가 의미 없는 연구를 한다면 어떻게 할 것인가? 예를 들어 교육학자가 교육학을 연구하고 가르칠 수는 있겠지만, 자신이 교육자가 되는 문제는 다른 것이다. 사람, 사람이 무엇보다 중요한 것이다. 사람은 돈보다도 귀하다. 아무리 많은 돈으로도 사람은 시장에서 살 수 없는 법이다. 사람은 사고파는 것이 아니라 몇 세대에 걸쳐 만들어지는 것이기 때문이다. 그런데 한 세대에는 시간이 걸린다. 우리나라처럼 벌써 오래전부터 세월의 값어치가 없어진 나라에서는 약 25년이나 30년은 걸린다. 독자적인 이념과 학식을 갖춘 인재나 독자적인 사업가는 오랫동안의 독립적이고 민족적인 삶과 몇 대에 걸친 고난에 찬 노동으로 육성되는 것이다. 말하자면 국가의 역사 흐름 속에서 형성되는 것이다. 그러나 우리나라의 지난 2세기 동안의 역사 흐름은 완전히 독립적이지 못했다. 필요불가결한 민족적 삶의 역사적인 순간을 인공적으로 축약한다는 것은 절대로 불가능하다. 우리는 지난 세월의 체험 속에서 그 실례를 보았으며, 그것은 지금까지도 계속되고 있다. 즉, 2세기 전에 우리는 서둘러 모든 것을 급히 따라가려 했었고, 그 결과로 발전은커녕 오히려 정체만 심해졌다. 또는 서구파의 환호하는 외침에도 우리는 의심할 바 없이 그 자리에 멈춰 있었다. 우리 서구파 인사들은 오늘날 온갖 나발을 불어대며 분기충천하고 있다. 그들은 러시아에는 어떤 과학도, 건전한 양식도, 인내도, 재능도 없으며 러시아는 오직 서구의 뒤를 따라 기어 다니며 노예처럼 그들을 모방하고, 그들 서구 세계의 보살핌을 받을 운명이며 그래서 자신의 독립성을 생각하는 것은 차라리 범죄가 된다며 아주 악의적인 목소리로 떠들어대는 것이다. 만약 내일이라도 우리가 2세기 전에 추진된 우리의 개혁의 절대적인 영향력을 의심하는 듯한 말을 뻥긋만 해도 그들은 당장 모두 일어나 민족 독립운동 같은 당신들의 공상은 그저 크바스[8)]에 지나지 않는다며 크바스, 크바스라고 합창으로 외칠 것이다. 그리고 우리는 2세기 전에 비로소 야만인의 무리를 벗어나 가장 개화되어 행복한 유럽인이 되었으므로 죽는 날까지 감사하는 마음으로 이 사실을 상기해야 한다고 떠들 것이다.

그러나 서구주의자에 대해서는 그만하자. 그리고 돈의 힘으로 모든 것을 만들어 낼 수 있고, 가령 시간도 살 수 있으며, 삶의 독창성까지도 그 어떤 수증기 같은 것으로 만

8) 크바스 : 러시아의 전통 음료.

들어낼 수가 있다고 치자. 하지만 도대체 어디서 그 많은 돈을 충당한단 말인가? 현재 우리나라 예산의 거의 절반은 보드카로 충당된다. 다시 말해 요즘 민중의 폭음과 방종이, 전 국민의 미래를 담보로 그 대가를 치르는 형국이다. 말하자면 우리는 우리의 미래를 위해, 즉 유럽의 강국이 되려고 현재 엄청난 예산을 지급하고 있는 것이다. 우리는 조금이라도 빨리 과일을 따 먹으려고 나무를 베어내고 있다. 누가 이런 일을 바라겠는가? 그것은 우리가 모르는 사이에 가혹한 역사 과정에 따라 저절로 생겨난 것이다. 위대한 군주의 말씀에 따라 해방을 맞은 우리 민중은 새로운 삶에 대한 준비가 전혀 없이, 더구나 지난날 독립된 생활을 한 번도 해본 적이 없는 상태로 새로운 길에 첫걸음을 내디뎠다. 물론 이것은 그 전일성과 특수성 어느 측면에서도 역사상 거의 예를 찾아볼 수 없을 만큼 거대하고 비상한, 거의 돌발적인 격변이었다. 마치 새로운 길로 나서는 막 해방된 장수가 자신의 첫걸음을 내딛는 형국으로, 커다란 위험이 따르고 매우 조심성이 요구되었던 것이다. 그런 우리 민중이 이 첫걸음을 내디디면서 무엇에 부딪혔는가? 바로 사회 상층부의 허약성과 수세기에 걸쳐 토착된 인텔리겐치아의 민중과의 단절(이것이야말로 가장 중대한 점이다), 게다가 싸구려 경향과 유대인의 상술에 빠져버렸다. 민중은 방탕에 빠지고 술을 마셔대기 시작했다. 처음엔 너무나 기쁜 나머지 마셨던 것이 나중에는 습관이 되었다. 도대체 그들에게 싸구려 말고 다른 뭔가 나은 것을 보인 적이 있는가? 어떤 기분 전환거리가 있었던가, 뭔가 다른 가르침을 준 적이 있는가? 지금 몇몇 지방에서는, 아니 많은 지방에서는 선술집이 이미 몇 백 명당 하나가 아니라 겨우 몇 십 명, 아니 고작 수십 명에 하나꼴로 있는 것이다. 지역에 따라서는 주민 50명당 선술집 하나가 있으며 50명보다 낮은 비율인 곳도 있다. 《그라즈다닌》지는 한번 특별 기획으로 현재 우리나라의 선술집의 예결산보고서를 상세하게 보도한 적이 있다. 선술집은 물론 술만 팔아서 꾸려 나간다고는 도저히 생각할 수 없다. 그렇다면, 무엇으로 보충하고 있는가? 그것은 다름 아니라 민중의 음란과 방종, 절도, 은닉, 고리대금업, 강도, 가정 파괴, 민중의 치욕—바로 이런 것들로 보충되고 있는 것이다.

어머니들도 마시고 아이들도 마신다. 교회는 비어가고, 아버지들은 강도질한다. 이반 수사닌 동상의 청동 팔 하나를 잘라서 술집에 가져가면 술집에선 그것을 받아주는 것이다. 아무 의사에게 물어보시라. 이런 취한에게서 어떠한 신세대가 태어날 수 있는지. 그러나 그것은 단지 비관론자의 단순한 공상에 지나지 않으며, 불행을 10배쯤 부풀려 이야기하고 있다고 하자(부디 그랬으면 좋으련만)! 그것을 믿고자 하고 또 믿고 싶다. 그러나 만일 앞으로 10년, 15년 사이에 폭음에 기대는 민중의 속박(그것은 도저히 의심의 여지가 없다)이 줄기는커녕 그대로 유지되고, 더 늘어간다면 이 모든 공상이 입증되고 있는 것이 아닐까? 자아, 우리나라는 강대국으로서의 예산이 필요하고 그 때문에 돈이 너무너무 필요하지만 만일 이러한 현재 상태가 지속된다면 15년 후에 과연 누가 그 대가를 치르게 되겠는가? 노동, 공업이라고? 사실 올바른 예산은 오로지 노동과 공업에 의해서만 메워져야 할 것이다. 그런데 이러한 선술집 속에서 어떤 노동이 성립될 수 있는가? 한 나라에서의 진정 올바른 자본은 전반적으로 건강한 노동력에 기초하지 않고는 형성될 수가 없다. 그렇지 않으면 그것은 부농과 유대인의 수중에 들어갈 수밖에 없다. 만일 이러한 상태가 계속되어 민중 자신도 깨어나지 못하고 인텔리겐치아도 그것을 돕지 않는다면 그렇게 그대로 될 수밖에 없다. 아무도 깨어나지 못하고 정말, 결국 유대인의 손에 모든 것을 빼앗긴다면 그때는 이미 어떤 옵시나[9]도

9) 옵시나 : 20세기 초까지 러시아 지방에 널리 존재하던 농촌 공동체

그들을 구원하지 못할 것이다. 농촌 공동체조차 통째로 저당 잡히고, 연대 책임의 노예화된 거지들만 남게 되고 유대인과 부농이 그들의 살림을 틀어쥐게 될 것이다. 갖가지 타락하고 구역질나는 소부르주아들과 그들에 의해 수탈된 노예화된 거지들의 행렬—이것이 그 광경일 것이다! 유대인들은 민중의 피를 빨고, 그들의 타락과 굴욕으로 배를 채울 것이다. 그러나 결국 그들이 모든 예산을 쥘 것이니 그들을 지지하지 않을 수 없게 될 것이다. 물론 추악한 공상, 무서운 공상이다. 그러나 천만다행히도 그것은 단지 꿈에 지나지 않는다. 9등 문관 포프리신의 꿈이다. 나는 이것에 동의한다. 그런 꿈은 결코 실현될 리가 없다! 민중은 이미 자신들을 구해낸 적이 한두 번이 아니다. 그들은 자신들의 내부에서 언제나 그랬듯이, 자신들을 보호할 힘을 찾아낼 것이다. 우리 인텔리겐치아가 결코 그들 속에서 찾아내길 완강히 거부하던 원칙들—즉 자신들을 방어하고 구원할 원칙을 찾아낼 것이다. 그들 자신이 선술집을 거부할 것이며 노동과 질서를 그리게 될 것이다. 선술집이 아니고 명예를 원하게 될 것이다!

그리고 다행히도 그런 징후가 정말 보인다. 적어도 우

를 이른다. '오브시치나'는 영어식 명칭이다.

리가 이미 언급했던 금주회의 예에서 보듯이, 그 징후가 나타나고 있다. 사실 그 단체들은 아직 단지 태동기에 머물고 있다. 그들은 아직 약하고 이제 막 열정을 보이는 정도이다. 그러나 그들이 발전 단계에서 멈추지 않게 어떤 특별 조치라도 취해야 한다. 오히려 그들을 지원할 수 있다면 얼마나 바람직하단 말인가! 만약 모든 우리 진보적 인사, 즉 우리 문인들과, 우리의 사회주의자, 그리고 우리의 종교인과, 매일 언론을 통해 민중에 대한 부채감에 괴롭다는 그 모든 인사가 모두 그들을 지원한다면 어떨까? 그리고 지금 배출되고 있는 학교 선생들이 또 그들을 지원할 수는 없을까? 나는 나 자신이 실무적인 인간은 못 된다는 사실을 안다(현 시점, 즉 그 유명한 스파소비치[10]의 최근 연설 후에 이 고백을 하는 것은 영광이기까지 하다). 그러나 여러분, 상상해 보기 바란다. 몹시 가난한 학교 선생님일지라도 만약 그가 간절히 원한다면 그의 주도로 큰일을 수행해 낼 수 있다는 사실을 나는 분명히 확신했던 것이다. 물론 그 사실엔 중요한 점, 즉 인격과 개성이 중요하고 해당 역할을 수행할 실무자이며 동시에 자신의 의지를

10) 스파소비치 : 크로네베르크 사건을 맡은 유명 변호사로서, 도스토옙스키는 무엇보다 아동에게 고통을 가하는 자는 용서받을 수 없다는 입장에서 아동 학대자를 변호하는 이 변호사를 경멸했다(해설 참조).

관철할 능력이 있어야 한다는 조건이 필요하다.

현재 선생의 직업은 대부분 우리 젊은 청년들이 맡고 있다. 그러나 그들은, 그들이 아무리 좋은 의지가 있더라도, 문제는 민중을 잘 모르고 그들에 대해 흔히 의심하고 불신한다는 사실이다. 흔히 아무리 열정적이고 고상한 의지로 노력하다가도 곧 쉽게 지쳐버리고 만다. 그들은 흔히 회의에 빠지고 자신들의 자리를 그 어떤 더 좋은 자리를 향한 단순한 중간과정으로 여기기 시작한다. 그리고 그들은 (흔히) 결국 술로 지새우거나 단지 10루블 정도의 과외 수입에 현혹되어 모든 것을 포기하고 어딘가로 도망가 버린다. 간혹 아무 소득이 보장되지 않더라도 미국으로까지 도망치면서 그것을 "자유의 나라에서 자유로운 노동을 경험하기 위한 것"이라고 변명한다. 그런 일은 흔했고 지금도 일어나는 현상이다. 그곳 미국에서는 어떤 혐오스런 사업가가 그 선생에게 아주 미천한 육체노동을 강요하고, 그를 속이고, 때론 주먹으로 그를 때리기까지 해도 우리 선생님은 그 일격 일격에 맞춰 이렇게 감탄을 하는 것이다. "오 우리 조국이라면 이런 주먹다짐이 얼마나 복고주의적이고 수치스러울까? 그런데 이곳에선 그 반대로 얼마나 신사적이며 맛깔스러우며 얼마나 혁신적인가 말인가!" 그리고 그 감정은 그에게 그토록 오래도록 머물 것이다. 그리고 그는 어떤 일로도 자신의 이 신념을 포기하지는 않을 것이다!

그러나 우리는 그를 미국에 그렇게 살라고 하고 나는 내 생각을 계속 말해야겠다. 내 생각은, 당신들께 다시 말하자면, 아무리 하찮은 시골 선생님도 만약 그가 하고자 한다면 민중을 그 야만적인 음주벽으로부터 해방시키는 데 전적인 공헌을 할 수 있다는 말이다. 이 주제에 대해 나는 하나의 소설을 위한 플롯을 갖고 있으며, 아마도 나는 그 이야기를 쓰기 전에라도 그 플롯을 독자들에게 밝힐 각오가 있다.

《작가의 일기》 1873년 11월호

농부 마레이

그러나 이 모든 신앙고백은 독자들에게 분명히 매우 지루한 이야기가 될 것이다. 그래서 나는 이와 관련해서 하나의 일화를 소개하겠다. 그것은 일화이기보다는 오히려 나의 아주 옛 기억 속에 숨어 있던 추억이며, 무슨 이유인가 나는 간혹 여기저기서 그것을 회상하기를 꽤 즐겼다. 그것은 민중에 대한 논문의 결론 같은 것이었다. 나는 그때 단지 아홉 살이었다. 아니다, 오히려 내 나이 스물아홉 당시로부터 시작하는 것이 순서이다.

그날은 부활절 주간의 두 번째 날이었다. 공기는 따뜻하고 하늘은 푸르렀다. 태양은 높이 떠 있었고, 그것도 '따뜻한' 밝은 태양이었다. 그러나 나의 영혼은 어둠에 잠겨 있었다. 나는 바라크의 뒤쪽에서 배회 중이었다. 나는 견고한 감옥 담장을 쳐다보며 담장 판자의 수를 세어보고 있었다. 그것은 이미 나의 습관처럼 되었지만, 그때는 그러한 의욕도 사라졌다. 그날은 바로 부활제 두 번째 날이며, 그래서 감옥 내엔 '즐거움이 가득 차' 있었다. 죄수들은 노동에 끌려 나가지 않았고, 이미 술 취한 사람들도 많았다. 여기저기 욕설과 다툼이 끊임없이 난무했다. 추악하고 역겨운 노래들을 부르고 침상 밑에선 노름판이 벌어지고, 몇몇 죄수들은 이미 뻗어 있었다. 그들은 동료의 판결에 따라 지나친 예외적 소동의 벌로 죽도록 매를 맞고 침상에 뉘어진 것이었다. 그들은 소생해서 의식이 들 때까지 양가죽 코트에 덮여 그렇게 있을 것이다. 이미 칼부림도 몇 번 일어났다.

이 모든 사태가 이 이틀간의 휴일을 보내며 일어났던 것이며, 나는 이로써 병이 날 만큼 지쳐 있었다. 나는 늘 술 취한 대중들의 그러한 방탕을 혐오했지만, 특히 이때 그곳에서는 더욱 역겨움을 견딜 수 없었다. 이 기간에는 당국도 감옥의 실정을 회피하는 정도였다. 옥내 수색도 없고, 술도 발각하려 하지 않았다. 그들은 결국 최악의 사태를 예방하기 위해 일 년에 한 번 성도는 이 부랑자들도 환락에 빠져버리는 것을 허락할 필요가 있다는 것을 깨닫고 있었기 때문이다.

결국, 내 가슴속에서 분노가 치밀어 있던 중 나는 폴란드인 M-츠키[11]를 만났다. 그는 나를 음울하게 주시했다. 그 순간 그의 두 눈이 번쩍거리더니 입술을 떨며 말했다.

---

11) 폴란드인 M-츠키 : 본명은 알렉산드르 미레츠키(Александр Мирецкий)이다. 음모에 가담한 혐의로 수감되었다. 여기서는 익명을 사용했다.

"나는 저 도적 떼를 증오합니다!" 그는 낮은 목소리로 이를 가는 듯한 표정으로 나에게 이 말을 하며 지나쳤다. 나는 바라크로 되돌아왔다. 단지 15분 전에 내가 그곳으로부터 마치 미친 사람처럼 뛰어나왔음에도 말이다. 그때 상황은 여섯 명의 건장한 농부들이 술 취한 타타르인 가진을 굴복시키려고 한꺼번에 달려들어 막 패기 시작한 순간이었다. 그들은 그를 무지스럽게 때렸다. 낙타도 그런 매엔 죽어 자빠질 정도였다. 그러나 이 헤라클레스를 죽이기는 결코 쉬운 일이 아니라는 것을 충분히 아는 그들은 그를 아무 거리낌 없이 팼다. 내가 돌아온 순간 가진이 거의 죽은 듯이 완전히 의식을 잃고 바라크의 끝자락 구석 침상 위에 누워 있는 것이 보였다. 그는 그곳에 양가죽 코트에 덮여 누워 있었고, 모두가 말없이 그의 곁을 지나갔다. 그들은 "보통 인간이라면 그런 구타에 살아나기 어렵지!"라며, 다음 날 아침이면 가진은 의식을 찾을 것이라고 굳게 믿고 있었다. 나는 쇠창살이 쳐진 창문 맞은편 내 자리로 돌아가 뒤로 드러누워 목 뒤에 팔베개하고 두 눈을 감았다. 나는 그 자리에 눕는 것을 제일 좋아했다. 사람들은 자는 사람을 괴롭히지는 않는 법이다. 그동안 나는 눈을 감고 명상이나 무언가 생각을 할 수 있었다. 그러나 나는 그때 명상을 할 수 없었다. 가슴이 불규칙하게 뛰고, 내

귓속에 M-츠키의 "나는 저 도적 떼를 증오합니다!"라는 말이 자꾸 맴돌았다. 무엇보다 지금 이러한 내 추억을 되뇌는 이유는, 지금까지도 가끔 밤에 그에 대한 꿈을 꾸며, 내게 이 꿈보다 더 통렬한 쾌감을 주는 꿈은 없기 때문이다. 아마도 나는 오늘날까지 나의 감옥 생활에 대해 내 글 속에 한 번도 제대로 언급한 적이 없는 것으로 알려진 듯하다. 그것은 15년 전 나의 《죽음의 집의 기록》도 자신의 아내를 살해한 혐의의 죄수인 가공인물의 이름으로 서술되었기 때문이다. 덧붙여서 지금 내가 하고 싶은 말은, 그 이후 많은 사람들이 실제로 내가 아내를 살해한 죄로 유형에 처해졌다고 피상적으로 짐작하거나 또는 일부 확신하며 주장했다는 사실이다.

서서히 나는 나 자신을 잊고 회상에 잠기게 되었다. 나는 나의 4년간의 강제노동의 생활을 연속적으로 회고하게 되고 마치 회상 속에 내가 전체 내 생애를 다시 한 번 체험하는 듯했다. 그러한 회상은 주로 저절로 생겨나고, 나 자신이 그것을 내 의지로 불러내는 경우는 극히 드물었다. 그것은 주로 어떤 점이나 선에서 시작되었다. 간혹 그것은 처음에는 거의 알아볼 수 없는 상태로 시작되어 점차 하나의 완전한 그림, 또는 어떤 강하고 공고한 인상으로 확장되었다. 나는 이러한 인상을 분석하고, 오래전에 낡

아버린 윤곽에 새로운 선을 덧칠하고, 더 중요한 것은 내가 그것들을 계속 수정해 나갔던 것이다. 그것은 마치 나의 오락 같았다. 이번 경우엔 갑자기 내 어린 시절, 즉 아홉 살 때의 한순간의 희미한 기억이 감지되었다. 그 기억은 사실 내 뇌리에서 거의 지워져 있었던 것이었다. 그러나 당시 나는 나의 아주 어린 시절에 대한 회상을 즐겼다. 나는 우리 시골 마을에서의 8월의 어느 날을 회상했다. 맑고 쾌청한 날이었다. 약간 선선하고 바람도 불었다. 여름이 끝나가고 얼마 후 나는 모스크바로 돌아가야만 했고 또 다시 겨울을 지겨운 불어 수업에 파묻힐 생각을 했다. 그래서 나는 이 시골 마을을 떠나야 한다는 사실로 슬펐다. 나는 곡물 창고를 지나 골짜기로 내려갔다. 그리고 골짜기 맞은편 우리가 '로스크'[12]라 부르던 울창한 관목 숲으로 올라갔다. 그 관목 숲의 저편 끝에는 수림이 펼쳐져 있었다. 나는 점차 관목 사이로 깊이 빠져들어 갔다. 그때 약 30보 밖 멀지 않은 들에서 한 농부가 땅을 가는 소리가 들렸다. 나는 그가 높은 경사면을 갈고 있고, 그래서 말이 힘겨워 하는 것을 알았다. 간간이 "이려, 이려!" 하는 남자의 외침이 들렸기 때문이다. 나는 우리 영지의 거의 모든 농

---

12) 로스크 : 윤기, 광택이란 뜻.

부를 알고 있었다. 그러나 그때 밭을 가는 그 농부는 알 수 없었다. 그러나 그것은 문제가 되지 않았다. 나는 내 일에 빠져서 바빴다. 나는 호두나무 가지를 꺾고 있었다. 그것으로 회초리를 만들어 개구리를 때려보려는 심산이었다. 호두나무 회초리는 자작나무 가지처럼 그렇게 단단하지는 않았지만 예뻤다. 나는 또 곤충이나 딱정벌레 종류에도 흥미가 있었다. 나는 그것들을 수집했다. 그중에는 아주 멋진 놈도 있었다. 나는 작고 검은 반점이 있고, 붉고 노란색의 작고 민첩한 도마뱀도 좋아했다. 그러나 나는 작은 뱀은 무서웠다. 물론 뱀은 도마뱀보다는 훨씬 희귀했다. 그곳에 버섯은 거의 없었다. 버섯을 따려면 자작나무 숲으로 가야만 했다. 그래서 나는 그곳으로 더 나아가려 했다. 내 생애에 줄곧 그 숲만큼 내가 사랑했던 것은 없다. 그곳에는 내가 좋아하는 버섯과 야생 열매들, 곤충과 새들, 그리고 작은 고슴도치와 다람쥐가 있었다. 나는 특히 마른 잎에서 나는 축축한 냄새를 그토록 좋아했다. 이 글을 쓰는 지금도 나는 우리 시골의 자작나무 숲 냄새를 맡는 듯하다. 이러한 인상들은 전 생애를 통해 남아 있는 법이다. 그때 갑자기, 둔중한 정적 속에서 "늑대가 온다!" 라는 외침이 명료하게 들렸다. 나는 비명을 지르고, 겁에 질려 정신없이 소리를 지르며 들로 나가 곧장 땅을 가는 농부에게로 뛰어갔다.

그는 바로 우리 집 농부 '마레이'다. 나는 그런 이름이 흔히 있는지는 몰랐지만, 모두가 그를 그렇게 '마레이'로 불렀다. 그는 약 50세에 건장한 체격에 키도 어느 정도 크고 턱수염 속에는 무성한 아마 색 백발이 무성했다. 나는 그를 알고 있었지만 그때까지 그와 대화는 한 번도 없었다. 그는 나의 외침을 듣고 그의 암말을 서게 하고, 내가 헐떡거리며 한 손으로 쟁기를 잡고 다른 손으로 그의 옷소매를 잡자, 이윽고 나의 공포를 알아챘다.

"늑대가 온다!" 헐떡이며 내가 소리쳤다.

그는 머리를 들어 순간이나마 나의 말을 거의 믿는 듯이 부득이 사방을 둘러보았다.

"늑대가 어디 있어?"

"외쳤어요. …누군가 방금 '늑대가 온다!'라고 외쳤단 말이에요." 나는 계속 중얼거렸다.

"무슨 일이니? 무슨 늑대야? 저런! 꿈을 꾸었구나! 무슨 늑대가 여기 있다고!" 그는 나를 안심시키려 중얼거렸다. 그러나 나는 온몸을 떨며 더욱 단단히 그의 코트에 매달렸다. 내 얼굴은 창백했을 것이다. 그는 억지 미소를 지으며 나를 쳐다보았다. 그도 분명히 나 때문에 놀라고 걱정하는 눈치였다.

"이런, 정말 놀라셨군! 오, 오!" 그는 머리를 흔들며 말했다.

"걱정 마세요, 됐어요. 우리 도련님, 오!" 그는 손을 내밀어 나의 뺨을 쓰다듬었다. "이제 됐다! 예수님이 너와 함께 계신다. 성호를 그려보아라." 그러나 나는 성호를 긋지 않았다. 나의 입술 양쪽이 달싹거렸다. 이것이 특히 그를 더 놀라게 한 듯했다. 그는 흙 묻은 검은 손톱이 있는 손가락을 천천히 내밀어 나의 떨리는 두 입술에 부드럽게 댔다.

"이런, 오!" 그러나 그는 마치 어머니 같은 미소를 길게 지으며 나를 쳐다보았다. "하느님 맙소사! 이 무슨 일입니까? 오, 오!"

비로소 나는 그곳엔 늑대가 없고, 아마 "늑대가 온다!"라는 소리는 내가 잘못 들었을 것이라는 사실을 깨달았다. 아무튼 외침은 그렇게 분명히, 그리고 뚜렷하게 들렸었다. 그러나 그러한 종류의 외침은(늑대에 국한되지 않고) 이미 전에도 한두 번 들었고 나는 그것을 알고 있었다(후에 나의 유년 시절과 함께 이러한 환청은 사라졌다).

"저, 저는 갈게요!" 나는 농부를 쳐다보며 물어보듯이 그리고 소심하게 말했다.

"좋아, 가거라! 내가 네 뒤를 계속 보고 있을게! 안심하고, 내가 너를 늑대에게 넘겨주지는 않을 거야!" 그는 그렇게 또다시 어머니 같은 미소를 지으며 말을 이었다. "자, 예수님의 가호가 있을 거야, 이제 가거라!" 그리고 그는 손으로 내게 성호를 그어주고 자신에게도 십자를 그었다. 마레이는 내가 걷는 동안 자신의 작은 암말과 함께 계속 서서 내 뒤를 돌아보았다. 그리곤 내가 그를 뒤돌아 볼 때마다 매번 내게 고개를 끄덕여 주었다. 솔직하게 말해서 나는 그의 앞에서 그토록 놀랐던 사실이 약간 수치스러웠다. 하지만, 걸어가는 내내 늑대가 무서웠다. 계곡의 경사면에 다다르고, 이어 첫 번째 곡물 창고에 다다르기까지 두려움이 완전히 사라지지는 않았다. 이때 갑자기 어디선가 우리 집 개 볼초크가 내게 달려왔다. 볼초크를 보자 나는 이제 완전히 안정감을 찾고 마지막으로 마레이를 향해 돌아보았다. 더는 그의 얼굴을 분명히 볼 수 없었지만, 그가 아직도 똑같이 나에게 상냥스런 미소를 지으며 고개를 끄덕거리는 것을 느낄 수 있었다. 나는 그에게 손을 흔들었다. 그도 나에게 손을 흔들고는 그제야 말을 다시 몰았다.

"이려, 이려!" 그의 말 모는 소리가 다시 멀리서 들려오고 그 암말은 다시 쟁기를 끌기 시작했다.

이 모든 일을 나는 한꺼번에 기억해 내었다. 그러나 왠지는 모르겠지만 세세한 것들이 놀라울 정도로 정확하게 그려졌다. 갑자기 나는 깼다. 그리곤 침상 위에 앉아 나는 기억을 더듬으며 동시에 내 얼굴에 회상의 고요한 미소가 번지는 것을 느꼈다. 몇 분을 더, 나는 회상에 빠져 있었다.

당시 나는 집으로 돌아와선 그 누구에게도 나의 그 '모험'에 대해 이야기하지 않았다. 과연 그것이 무슨 모험이었다는 말인가! 그리곤 이후 곧 나는 마레이에 대해서도 잊었다. 이후 가끔 그를 만났지만, 그때마다 나는 늑대에 대해서고, 그 무엇에 대해서도 결코 그에게 말을 하지 않았다. 그런데 갑자기 20년이 지나 이 시베리아에서, 그 만남이 그토록 생생하게, 그렇게 세세히, 모두 기억이 난 것이었다. 그것은 나의 의지와 관계없이 저절로 나의 영혼 속에 숨어 있었던 것이며, 필요한 시간에 갑자기 그 기억이 돌아온 것이었다. 바로 가난한 농노의 부드럽고 어머니 같은 미소, 그의 성호, "이런, 정말 놀라셨군요! 도련님!" 하며 머리를 끄덕이던 그의 모습이 머릿속에 생생했던 것이다. 나에겐 특히 흙이 묻은 그의 두툼한 손가락과, 그 손가락을 그렇게 고요히, 소심한 듯 부드러움을 더해, 떨고 있던 내 입술에 대주던 기억이 생생하게 떠올랐다. 물론 누구라도 그런 때 어린아이에게 용기를 북돋워 줄 수 있을 것이다. 그러나 이 순간의 만남에는 무언가 완전히 다른 그 무엇이 일어났던 것으로, 그것은 마치 내가 그의 아들이었더라도 그보다 더 빛나는 사랑의 눈길로 나를 그렇게 바라보지 못했을 것 같은 눈길이었다. 그리고 누가 그를 강요했던 것도 아니지 않은가? 그는 우리 집 소유의 농노였으며, 반면 나는 어쨌든 지주의 아들이었다. 그리고 그 누구도 그가 나를 이렇게 위무했던가를 알 수도 없고 그리고 그 누구도 그에게 보상하지 않을 것이었다. 그가 특별히 어린아이들을 극진히 좋아했던가? 그런 사람들도 있다. 특히 그 만남은 외진 곳이고 텅 빈 들에서 있었고, 아마도 단지 신께서 위에서 내려다보았을지도 모른다. 그것은 깊고 교양이 풍부한 인간적 감정과 거의 여성스러울 정도의 그렇게 예민한 부드러움이, 아마도 그 어떤 거칠고, 때로 야수 같고 무지스런 러시아 농노의 가슴속에 숨어 있음을 보여주는 것일지도 모른다. 그들은 당시 자신들의 자유에 대해 어떤 희망도 기대할 수 없는 상황이었는데도 말이다. 여러분, 말하자면 바로 콘스탄틴 악사코프가 우리 민중의 높은 교육 수준에 대해 언급할 때 이를 염두에 둔 것이 아닐까?

그러고 나서 침상을 내려와 주위를 둘러보았을 때, 나는 갑자기 이들 불행한 사람들을 완전히 다른 시선으로 바라볼 수 있을 것처럼 느껴졌다. 그리곤 갑자기 마치 어떤 기적에 의해 내 가슴속에서 모든 미움과 분노가 완전히 사라졌다. 나는 걸으며 내 눈에 들어오는 얼굴들을 자세히 쳐다보았다. 머리를 깎이고, 얼굴에 낙인이 찍힌 죄수, 술에 취해 악을 쓰며 노래를 외쳐대는 이 농부가, 바로 그 마레이 자신일 수가 있는 것이다. 나는 사실 그의 마음속을 들여다볼 길은 없다. 나는 그날 저녁 M-츠키를 다시 만났다. 불행한 사람! 그는 아마도 마레이에 대한 그 어떠한 기억도 가질 수 없었고, 그래서 아마 이 사람들을 "나는 저 도적 떼를 증오합니다!"라고 하는 것 외에 달리 바라볼 수가 없었던 것이다. 그렇다. 당시 폴란드인들은 우리보다 더 큰 고통을 견뎌야 했었다.

《작가의 일기》 1876년 2월호

유럽에 관한 공상

"그러면 유럽은 어떤가? 어디나 그렇듯이, 그곳도 마찬가지 아닌가? 우리가 그렇게도 믿어왔던 그곳의 그 모든 결합력이 슬픈 신기루로 바뀌지 않았던가? 그곳의 분해와 분열은 이곳 이상으로 해로운 것이 아닐까?" 이 물음은 러시아인으로서 피할 수 없는 질문이다. 더구나 진정한 러시아인치고 유럽에 대해 무엇보다 우선해서 생각하지 않은 사람이 있을까?

사실 여러 가지로 판단해 보건대 유럽은 러시아보다 사정이 좋지 않은 듯하다. 단지 다른 것이 있다면 분열의 역사적 인과 관계가 더 두드러진다는 것이다. 그러나 아마도 그래서 그쪽이 더 비관적일지도 모른다. 정확히 말하자면, 우리나라에서 타당한 원인을 찾아내고 풀어헤친 실마리를 잡아 모으는 것이 가장 어려운 일이라는 그 사실 속에, 거기에 우리를 위한 약간의 위안 같은 것이 있다. 결국, 힘의 분산은 미숙한 행위였으며, 어리석고, 반은 인공적이며, 인위적으로 촉발되었다는 것이 확인되고 결국은 조화를 원하게 될 것이다. 그래서 다발이 다시 묶일 희망이 있는 것이다. 그러나 저 유럽에서는 그 어떠한 다발도 더는 묶이지 않을 것이다. 그곳에서는 우리와는 달리 모든 것이 성숙한 상태로, 분명하고 정확히 서로 다르게 분열되어 버렸다. 거기에서는 집단도, 개별 단위도 종말을 맞고 있으며, 그들도 그것을 스스로 알고 있다. 그럼에도, 그들은 서로 그 무엇도 양보하려 하지 않으며, 양보하느니 차라리 죽으려 할 것이다.

그런데 우리나라에서는 모두가 평화에 대해 말하고 있다. 모두가 영구적인 평화를 예언하고, 어디서나 분명한 지평선과 동맹과 새로운 힘이 나타나고 있다. 파리에 공화 정부가 수립된 것에서조차 평화를 보고 있다. 더욱이 이 공화 정부가 비스마르크에 의해 수립된 것일지라도 거기에서조차 평화를 감지하고 있다. 위대한 동방 세력과의 화해에서 사람들은 평화의 보장을 주저 없이 확인하고 있다. 우리나라의 어떤 신문에서는 현재의 헤르체고비나 소요까지도 얼마 전까지 불안해하던 것과는 달리 모두 유럽 평화의 징후를 나타내는 것으로 생각하기 시작했다. 그런데 그것도 헤르체고비나 문제를 풀 열쇠가 같은 베를린의 비스마르크 공의 손안에 있기 때문이 아닐까? 그런데 러시아에서는 프랑스의 공화 정부를 기뻐하고 있다. 프랑스는 독일에 패했음에도 어떻게 유럽 제1국의 위치를 차지했는가? 오늘날까지 유럽에서는 프랑스에서 일어나는 가장 사소한 일들까지 베를린에서 일어난 주요 사건보다 많은 동정과 주의를 불러일으키고 있다. 그것은 의심의 여지없이 이 나라는 언제나 첫걸음을 내디디며, 최초의 시도를 하고, 이념적 주도권을 행사하는 나라이기 때문이다. 바로 그 때문에 누구나 이 나라에서 '끝, 그리고 새로운 시작'을 또한 굳게 기대하고 있다. 프랑스가 아니라면 도대체 누가 운명적이고 결정적인 한 걸음을 제일 먼저 내디딜 수 있을까?

아마도 바로 이 때문에 가장 융화되기 어려운 '분열'이 '진보적' 국가에서 가장 많이 나타났던 것이기도 하다. 그곳에서는 이제 '마지막 순간'까지의 평화는 절대로 불가능하다. 유럽에서는 모든 사람이 그 공화 정부를 환영하며, 이는 독일과 '복수전'을 할 수 없다는 사실만으로 그 체제가 프랑스로서도, 유럽인으로서도 필요한 것이라고 주장해 왔다. 바로 얼마 전까지 프랑스 정권을 장악하려고 했던 여러 정권 가운데서 이 공화 정부만이 유일하게 전쟁을 일으키려는 시도도, 의지도 없을 것이라는 것이다. 그러나 이런 것은 모두 신기루이다. 공화 정부가 선포된 것은 분명히 전쟁 목적 때문이다. 만일 상대가 독일이 아니라면 더욱 위험한 적, 즉 전 유럽의 적인 공산주의이다. 현 시점에서 이 적은 공화 정부 아래에서 다른 어떤 정부 아래에 있을 때보다 훨씬 더 빨리 들고 일어날 것이다! 그러면 다른 정부는 모두 이것과 협정을 맺어 돌발적인 재앙을 미루려고 할 것이다. 그러나 공화 정부는 이것에 전혀 양보하지 않고, 도리어 전쟁을 선포하고 첫 번째로 전투에 나설 것이다. 그러므로 누구도 '공화 정부는 평화'라는 것을 주장하게 해서는 안 된다.

실제로 당시에 이 공화 정부를 선언한 사람이 누구였던가? 모두 부르주아와 군소 자산가들이었다. 도대체 언제부터 그들이 공화주의자가 되었던가? 지금까지 공화 정부를 가장 두려워한 것은 그들이 아니었던가? 그 속에서 오직 혼란의 씨앗만을 보고, 그것이 그토록 두려운 공산주의로의 첫걸음이라고 생각한 것은 그들이 아니었던가? 국민 공회는 제1차 혁명 때, 당시 계속된 재정난으로 인해 망명자의, 또는 교회의 크나큰 소유지를 잘게 쪼개어 팔기 시작했었다. 이 조치는 수많은 프랑스인을 부유하게 했고, 그 때문에 80년 후에는 50억 프랑의 배상금을 거의 눈 하나 찡그리지 않고 갚을 수가 있었다. 이 조치는 일시적으로 번영을 가져오기는 했지만, 자산가 군단을 엄청나게 팽창시켰고, 민중의 주적인 부르주아의 끝없는 횡포에 프랑스를 내맡겨 민주주의적 염원을 오랜 세월 마비시키고 말았다. 만일 그들이 이 조치를 하지 않았다면, 그 이전 주인인 귀족계급을 대체한 부르주아는 결국 프랑스에서 그렇게 권력을 유지하지는 못했을 것이다. 그러나 이 결과로 민중들은 주체할 수 없을 정도로 모질어졌다. 부르주아 자신이 민주주의적 경향의 자연스러운 과정을 왜곡해서 이것을 증오와 복수에 대한 갈망으로 바꾸어버렸던 것이다. 당파 분열은 극도에 이르고 그 때문에 국가 조직은 완전히 파괴되어 복구할 길이 없을 정도가 되어버렸다. 아직 프랑스가 외견상 완전한 듯한 모습을 간직하는 것은, 손에 쥔 눈이 일정한 시간이 되기 전에는 녹지 않는 것과 같은 자연법칙에 따른 것일 뿐이다. 바로 불행한 부르주아는 유럽의 많은 순진한 사람들과 함께, 희망이라는 이름으로 자신을 속이는 동시에 공포와 증오 때문에 몸을 떨면서, 바로 그 일체성의 유령을 마치 유기체의 살아 있는 힘으로 보고 있다. 그러나 사실상 통합은 결국 완전히 소멸해 버렸다. 과두정치파가 염두에 두는 것은 부자의 이익일 뿐이며 민주주의는 빈자의 이익만을 생각하고 있다. 이제 공통 복지나 만인의 이익, 또는 프랑스의 장래는 아무도 관심 없다. 다만, 과학의 가치를 내세워 과학에서 모든 것을 기대하는, 즉 인류의 새로운 통합과, 확고부동한 수학적 원칙에 기반을 둔 사회 조직의 새 원칙을 기대하는 공상적인 사회주의자와 공리주의자들이 있을 뿐이다. 그러나 그들이 그토록 기대하는 과학이 지금 당장 이러한 일의 해결에 얼마나 유용할지 의심스럽다. 과학이 정말 사회 조직의 새로운 법칙을 제대로 수립할 수 있을 만큼 인간의 본성을 그렇게 충분히 인식하고 있다고는 상상하기 어렵다. 그러나 지금 이것을 의심하고 망설이고 있을 때는 아니다. 따라서 여기서 제기되어야 할 문제는, 과학이 앞으로, 또 미래에 그것이 더 발달해서, 이 과제가 과학의 힘을 초월하지 않는 경우라도 이 임무를 수행할 준비가 되어 있느냐 하는 것이다(이 임무가 분명히 인류 과학의 역량을 초월하는지, 미래 과학이 발달했을 때조차 그러할 것인지는 우리는 당분간 단정을 유보하기로 하자). 과학은 아마도 그러한 요구에 응하지 못할 것이므로, 프랑스에서(또는 세계 어느 곳에서도) 빈중 운동은 당분간 공상가들에 의해 주도될 것이 분명하며, 그 공상가들은 온갖 종류의 투기꾼이 조종할 것이다. 게다가 과학 자체에는 과연 공상가들이 없는가? 사실, 전 프랑스에서 만인의 단결과 그 미래에 관심을 보이는 것은 공상가뿐이며, 그래서 그들은 전권을 갖고 운동을 지배하게 되었다. 따라서 그들의 약점과 공상성에도 불구하고 프랑스에서 계승권은 도덕적 차원에서도 그들에게 옮겨간 것 같다. 이것은 모두가 느끼고 있다. 그러나 이와 관련해서 가장 무서운 것은, 공상적인 모든 것은 제쳐놓더라도, 가장 잔인하고 비인간적인 경향이 나타난 것이다. 그것은 이미 공상이 아니며 실재하고 역사적으로 피할 수 없다. 그것은 'Ote toi de là, que je m'y mette(저리 비켜라. 내가 그 자리를 차지하겠다)!'[13]라는 속담에 모두 함축되어 있다. 수백만의 민중들은(극히 소수를 제외하고) 자산가에 대한 강탈을 그들의 주요 목표로, 최고의 희망으로 삼고 있다. 그러나 이들 빈민을 탓할 수는 없다. 과두정치파가 그들을 이러한 암흑 속에 빠뜨린 것이다. 아주 소수를 제외한 이들 수백만의 불행하고 맹목적인 민중은 전혀 아무 의심도 없이 이 강탈을 통해서 자신들도 부유해질 수 있다고 극히 단순하게 생각하고, 그 지도자들이 말하는 사회의 이상도 모두 거기에 있다고 생각한다. 더구나 그들이 어떻게 공상가인 그들 지도자의 말이나 과학의 예언 같은 것을 이해할 수 있겠는가? 그러나 그들은 반드시 승리할 것이다. 그리고 만일 부자들이 적당한 때에 양보하지 않는다면 무서운 일이 생길 것이다. 그러나 적당한 때에 양보하는 자는 아무도 없을 것이며, 어쩌면 양보 시기가 이미 지나버렸는지도

13) 프랑스 역사가이며 비평가인 오도아(F. Odoards)가 1796년 간행한 《프랑스혁명의 사상사》에서 '자연법' 원칙을 규정하며 사용한 말이다. 관용적 표현으로 쓰인다.

모른다. 또 빈민들 자신이 양보 따위를 바라지 않을 것이다. 비록 모든 것이 주어진다 해도 그때는 이미 어떤 화해의 요청에도 응하지 않을 것이다. 그들은 계속 속고 있다, 기만당하고 있다고 생각할 것이다. 그들은 자신의 손에 법을 쥐고 싶은 것이다.

보나파르트 가문[14]은 그들과 협상의 가능성을 약속하고서야 그 존재를 지켜왔다. 그들은 최소한의 노력은 했다. 그러나 결국 언제나 교활하고 성의가 없었다. 그러나 과두정치파는 그들의 조치에 대한 믿음을 버리고, 민중도 그들을 전혀 믿지 않게 되었다. 왕족 정부(원로계)가 프롤레타리아에게 구제 수단으로 제시할 수 있는 것은 본질적으로 로마 가톨릭 신앙뿐이었다. 그러나 민중뿐만 아니라 대다수 국민은 그것을 오래전에 잊었고 알려고도 하지 않았다. 최근 프롤레타리아 사이에서는, 적어도 파리에서는 심령술이 걷잡을 수 없이 만연하고 있다는 말이 나돌았다. 왕족의 방계(오를레앙가)[15]는 한때 프랑스 자산가의 당연한 지도자로 간주되었지만, 지금은 부르주아에게까

14) 보나파르트 가문 : 나폴레옹 1세와 3세를 배출한 프랑스 왕가.

15) 오를레앙(Orléans)가 : 왕가의 근친에 해당하며 프랑스 역사와도 깊은 관계가 있는 가계를 말한다.

지 증오의 대상이 되었다. 그들의 무능은 만인에게 분명한 것이 되었다. 그럼에도, 자산가는 자신들을 구제해야 했다. 그래서 바야흐로 미래의 무서운 적과 치를 마지막 대전투를 위해 한시바삐 지도자를 찾아야 했다. 그때 그들의 이성과 본능이 확실한 비결을 속삭여 주었고, 그래서 그들은 공화 정부를 택했던 것이다.

여기에 하나의 정치적 법칙, 어쩌면 자연적일지도 모르는 법칙이 있다. 서로 근접한 두 강력한 이웃은 아무리 친밀하다 할지라도 항시 언젠가는 상대방을 쓰러뜨리고 싶어 할 것이며, 결국 조만간 그 의도를 실행에 옮긴다는 것이다(이 강한 이웃의 법칙에 대해 우리 러시아인은 좀 더 숙고해야 한다). '붉은 공화 정부에서 공산주의로의 직접적인 전환'—바로 이러한 사상이 지금까지 프랑스의 자산가를 위협하고 있었던 것이다. 그리고 그들 대다수는 그토록 많은 시간을 거친 후에 갑자기, 가장 가까운 이웃이 단지 자신의 보존을 위해 서로 가장 잔인한 적이 될 수 있다는 것을 겨우 알아차리게 되었다. 사실상 붉은 공화 정부와 공산주의의 친밀한 이웃 정신에도 불구하고, 공산주의에는 공화 정부야말로, 더욱이 93년의 피비린내 나는 공화 정부일지라도, 그보다 더 적대적이며 근원적으로 상반되는 존재가 있을까? 공화 정부에서는 공화제 국가 형태가 무엇보다도 우선한다. "무엇보다 공화 정부, 프랑스보다도 먼저 공화 정부이다." 공화 정부에서는 모든 희망이 형식에 달렸다. 프랑스보다는 '마크마옹 나라'[16]라고 해도 상관없지만, 공화 정부로 불리게 하자. 그것이 프랑스에서 오늘날 공화파들이 거둔 '승리'의 특질이다. 그렇게 형식 속에서 구원을 찾고 있다. 다른 한편, 공산주의가 모든 정부 형태는 말할 것도 없고 국가 자체와 현대 사회까지 부정하고 있다면, 공화 정부의 형태 따위에 무슨 관심을 두겠는가? 이러한 극단적인 대비, 두 적대적 힘의 상호 대립을 인지하는 데 프랑스의 대중은 80년이나 걸려야 했다. 그러나 마침내 이것을 인식하고 그들은 공화 정부를 수립했다. 결국 적에게 가장 위험한, 그리고 가장 자연스런 경쟁자로 등장한 것이다. 공화주의는 공산주의로 전환해서 자신이 파멸하는 것을 결단코 바라지 않을 것이다. 본질적으로 공화 정부는 부르주아 이념의 가장 자연스러운 표현이자 형식이며, 사실상 프랑스 부르주아 자체가 공화 정부의 자식이며 제1차 혁명 때 오로지 공화 정부

---

16) 마크마옹은 프랑스의 군인, 정치가. 크림전쟁에 출정하여 원수(元帥)가 되었다. 1873년 티에르에 이어 대통령이 되었다. 그럼에도, 그는 군주제 옹호론자였기 때문에 이를 두고 A. S. 수보로프가 비난조로 "마크마옹의 나라"라고 부른 것을 인용한 것이다.

가 창조하고 조직한 것이다. 그렇게 궁극적인 분열은 수행되었던 것이다.

아직 전쟁은 먼 훗날의 일이라고 말들을 한다. 아마 그다지 멀지 않은 듯도 하다. 아마도 종말을 늦추려 하지 않는 편이 나을지도 모른다. 지금 이미 사회주의가 유럽을 좀먹고 있지만, 그때가 되면 결국 모든 것을 침식할 것이다. 비스마르크 공은 이것을 알고 있지만, 너무나 독일식으로 피와 철에 의존하고 있다. 그러나 지금 이런 상황에서 피와 철을 가지고 무엇을 완수할 수 있겠는가?

《작가의 일기》 1876년 3월호

논점의 혼란과 불확실성

일부 인사들은 민중에게는 어떠한 진리도 있을 수 없다, 진리는 단지 문화 속에서 찾아야 하며 최고의 문화인들에 의해서만 보존되는 법이라고 단적으로 공언한다. 나 역시 완전히 '성실한' 입장에 서고자, '하류층 하인' 수준의 의미에서가 아니라 '최고의' 의미에서 이 귀중한 유럽식 우리 문화를 수용하겠다. 즉 그러한 의미에서 우리는 민중과 비교하면 정신적, 도덕적으로 발달해 있고, 인간다워지고 인도적이 되었으며, 바로 그 점이 우리가 민중과 완연히 구분되는 점이고 또 우리의 명예에 맞는 것이다. 우선 이렇게 그야말로 공평한 언명을 해놓고 나는 이제 스스로 문제를 제기한다. "과연 우리가 진정 민중의 문화를 제쳐놓고 그들이 우리의 문화를 찬양해야 할 만큼 틀림없이, 진정 착오 없이 훌륭한 문화적 계층인가? 그리고 결국 우리는 유럽으로부터 민중에게 구체적으로 무엇을 가져다주었는가?"

그러나 이러한 문제에 답하기 전에, 원칙에 따라, 유럽이 당연히 우리 조국에 자랑할 만한 것, 예를 들면 과학이나 공업 같은 것들에 대한 논의는 모두 제외하기로 하자.

지금 그런 것이 우리의 주제는 아니므로 그런 논의를 제외하는 것은 완전히 정당하다고 본다. 더구나 과학은 역시 그곳 유럽의 것이며, 러시아 문화계의 고위층인 우리 자신들조차 그간 200년간의 수업을 받았지만, 아직도 이 과학 부문에서는 그리 빛나는 영광을 이루지 못했으므로, 과학에서 유럽이 우리 러시아 문화계에 머리를 숙인다는 것은 아무래도 너무 이르다. 또한 분명한 것은 과학은 러시아의 두 계급, 즉 평범한 민중과 상류 문화 계급 사이의 어떤 뚜렷하고 차별적인 다름을 만들어내지도 못했다. 다시 말해서 과학을 우리와 민중의 뚜렷한 차이점으로 내세우는 것은 전혀 옳지 못하며 잘못일지도 모른다. 그 차이는 전혀 다른 데서 찾아야 한다. 그뿐만 아니라 과학은 인류 공통의 것이며, 유럽의 어느 민족이 그것을 발명하는 것이 아니라, 모든 민족의 고대로부터 시작된, 이른바 계승된 집적인 것이다. 또 한편으로는 러시아 민족은 지난날에 결코 과학의 적이었던 때는 없었다. 실제로 과학은 이미 표트르 대제 이전부터 우리에게 수입되고 있었다. 이반 바실리예비치 황제는 표트르 대제보다 130년 전쯤에 발트 해안의 정복에 모든 노력을 기울였다. 만일 그가 이 정복에 성공해서 그곳의 항구들을 점령할 수 있었다면 분명히 표트르 대제처럼 선박을 건조하기 시작했겠지만, 그것을 뒷받침할 과학이 없었으므로 표트르 대제 시대처럼 유럽에서 과학을 들여왔을 것이 틀림없기도 하다. 우리의 포투긴[17] 패는 러시아인이 발명한 것은 오직 사모바르[18] 뿐이라고 비웃으며 우리 민중을 모욕했다. 그러나 아마 유럽인조차 이러한 포투긴 패의 합창에 끼는 짓은 하지 않을 것이다. 너무나 분명한 것은 모든 것은 정해진 역사의 법칙에 따라 만들어진다는 것이다. 우리가 과학과 공업의 영역에서 창조한 것이 그렇게 적었던 이유는 러시아 민족이 우둔하거나 러시아인의 능력 수준이 낮아서도 아니고, 치욕스러운 게으름 탓도 아닌 것은 명백하다. 어떤 나무는 몇 년이 걸려서 자라지만 또 다른 나무는 그 두 배나 걸릴 수 있다. 모든 것은 그 민족이 어떠한 자연환경의 상태에 놓여 있었던가, 그들이 우선해야 할 것이 무엇이었는지에 달렸다. 거기에는 지리적, 민족적, 정치적인 이유가 있는 법이다. 그 이유는 수천 가지나 되며 그 모두가 분명하고 확실한 이유다. 건전한 머리를 가진 사람이라면 그 누구나 열세 살 먹은 사람을 스물다섯 살이 되지 못했다고

17) 포투긴 : 투르게네프의 《연기》 속의 인물. 서구파의 대표자.

18) 사모바르 : 러시아 전래의 특유한 주전자. 구리, 은, 주석 따위로 만드는데 중앙에 상하로 통하는 관이 있어 그 속에 숯불을 넣어 물을 끓인다.

그것을 탓하거나 모욕하지 않을 것이다. 말하자면 "유럽인은 수동적인 러시아인보다 활동적이고 머리가 더 좋다. 그래서 과학을 발명한 것이며 러시아인은 그렇지 못한 것이다"라는 것이다. 그러나 수동적인 러시아인은, 유럽이 과학을 발전시키고 있을 때, 그에 못지않은 놀라운 활동력을 발휘해서 즉, 차르의 왕국을 건설하고 의식적으로 그 통일을 완성해 냈다. 러시아인은 천 년 동안 잔혹한 적들을 물리쳐 왔다. 러시아가 없었다면 그들이 유럽까지도 침범했을 것이다. 러시아인은 그들의 광막한 조국의 먼 변방까지 식민지화했으며, 바로 러시아인들이 그 변경 지역을 방어하고 굳게 지켰던 것이며, 그토록 공고히 하는데 성공했던 것이다. 그것은 오늘날의 우리 문화인들은 감히 이룰 수 없는 정도이며 오히려 반대로 흔들어놓기만 할지도 모른다. 그렇게 결국 천 년이 걸려 세계에 그 어떤 나라와도 비교할 수 없는 차르 왕국과 정치적 통일체가 우리에게 형성된 것이며, 그러한 측면에서 오늘날 비교적 정치적 통일이 가장 공고하고 독특한 두 국가인 영국과 미합중국도 아마 우리에게 미치지 못할 것이다. 자, 그 대신 유럽에서는 다른 정치적, 지리적인 상황 때문에 과학이 성장한 것이었다. 그러나 과학의 발달과 번성과 함께, 유럽의 거의 모든 곳에서 윤리적 · 정치적 상태가 동요했던 것이다. 따라서 누구나 자신의 몫이 있는 것이며, 결국 누가 누구를 부러워하게 될지 아직은 알 수 없다. 어쨌든 우리는 과학을 수용하게 되겠지만 유럽의 정치적 통일이 어떻게 될지가 의문이다. 아마도, 약 15년 전쯤만 해도, 독일은 자신의 과학적 영예의 절반쯤은, 우리가 이미 아주 오래전부터 지녀온 정치적 통일성과 기꺼이 바꾸려고 했을 것이다. 독일인들도 이제야 그들 자신의 개념에 따른 확고한 정치적 통일에 다다랐지만, 당시에는 아직 그들의 독일 제국을 갖지 못했기 때문에 그들은 늘 러시아를 무시하면서도, 속으로는 물론 우리를 부러워했던 것이다.

그러므로 여기서 제기되어야 할 문제는 과학이나 산업에 대해서가 아니라, 유럽에서 회귀한 우리 문화인들이 무엇으로 윤리적 · 본질적으로 민중보다 위에 섰다고 하는 것이며, 또 우리의 유럽식 문화로 과연 어떠한 귀중한 보물을 민중에게 전해주었는가에 대한 질문이다. 어떻게 우리는 깨끗한 인간이고, 민중은 아직도 더럽단 말인가? 어떻게 우리가 전부이고 민중은 제로란 말인가? 나는 확신하건대, 우리 문화인들 사이에 이 점에서 극도의 혼란이 있으며, 그리고 그 '문화인'들 중에서 이것에 올바로 해답을 내릴 수 있는 자는 거의 없다. 그러나 현실은 오히려 그 반대로 제각기 불협화음을 내며 여기저기서 마치 소나무는 왜 7년 동안에 다 자라지 않고 일곱 배나 더 걸려 오래 성장하는가? 식의 비웃음이 포투긴 일파뿐만 아니라 지적으로 더 상류층의 사람들에게서도 아주 흔히 들려오는 것이다. 더구나 압세옌코 씨에 대해서는 더 말할 필요가 없다. 그러면 이 장에서 초반에 제기한 문제인 "과연 우리가 진정 민중의 문화를 제쳐놓고 그들이 우리의 문화를 찬양해야 할 만큼 틀림없이, 진정 착오 없이 훌륭한 문화적 계층인가? 그리고 결국 우리는 유럽으로부터 민중에게 구체적으로 무엇을 가져다주었는가?"로 돌아가자. 이 질문에 대해서 나는 솔직히 우리는 민중보다 훨씬 떨어진다고, 거의 모든 점에서 그렇다고 바로 대답하겠다.

흔히 민중 속에서 출현한 활동가는 곧 수전노, 협잡꾼이 된다고 말을 한다(이것은 압세옌코 씨만 주장한 것이 아니고, 압세옌코 씨가 결코 새로운 소리를 한 것도 아니다). 첫째로 이것은 거짓이다. 둘째로 과연 문화적이라는 러시아인 사이에도 그 같은 수전노나 협잡꾼이 흔하지 않다는 말인가? 아마 거의 더 많을 것이다. 바로 그들이 더욱 부끄러워해야 한다. 그것은 그들은 문화적인 혜택을 받았고 민중은 그렇지 않았기 때문이다. 그러나 중요한 점은, 민중에 대해, 그들 속에서 활동가가 나타나자마자 대다수가 수전노나 협잡꾼이 되어버린다고 말해서는 결코 안 된다는 점이다. 이런 주장을 하는 사람들은 도대체 어디서 성장했는지 모르겠다. 나는 어려서부터, 그리고 전 생애에 걸쳐 전혀 다른 것을 보아왔다. 내가 겨우 아홉 살 때의 일이었다. 어느 부활절 축제 기간의 사흘째 되는 날 저녁 5시를 지나 우리 식구들, 즉 아버지와 어머니, 형제자매들이 테이블에 둘러앉아 차를 마시며 시골 영지에 대해 여름이 오면 모두 그곳에 어떻게 갈 것인가 이야기하고 있었다. 그때 갑자기 문이 열리고 문간에 홀연히 우리 시골집의 하인 그리고리 바실리예프가 나타났다. 그는 막 시골 영지에서 올라온 것이었다. 주인이 없을 때면 그는 마을의 관리까지 담당하고 있었고, 흔히 독일풍의 프록코트를 입고 근엄한 표정을 지으며 '관리인'인 척하던 그가 낡은 농군 코트를 입고 나무 짚신을 신고 나타났던 것이다. 그는 시골에서 걸어온 것이다. 그런데 방 안으로 들어와 아무 말 없이 서 있었다.

"무슨 일인가?" 아버지가 놀라서 소리쳤다. "무슨 일인가 말이다!"

"영지가 불에 탔습니다!" 하고 그리고리 바실리예프가 낮은 소리로 말했다.

그다음에 있었던 일은 더 묘사하지 않겠다. 아버지 어머니는 부유하지 않았으며, 근면하게 일만 하시던 분들이었다. 그런데 부활절에 이런 선물을 받아야 하다니! 모든 것이 완전히 불타버렸다는 것이다. 농부의 오두막도, 곡물 창고도, 가축 축사도, 봄갈이 씨앗까지, 가축 일부도, 그리고 아르히프라는 농부까지 타 죽었다는 것이었다. 처음에는 충격으로 모두 이제 완전히 파멸이라고 생각했다. 우리는 모두 무릎을 꿇고 기도하기 시작했고, 어머니는 울음을 터트렸다. 그러자 이때 갑자기 우리의 유모 알료나 프롤로브나가 어머니 곁으로 다가섰다. 그녀는 우리 집에 고용되어 있던, 즉 자유로운 신분이며, 모스크바 소시민 출신이었다. 그녀는 어린 시절 우리 모두를 돌보고 양육한 인물이었다. 그녀는 그때 45세 정도의 나이에 밝고 명랑한 성격을 가졌으며, 언제나 우리에게 훌륭한 옛이야기를 들려주었다. 그녀는 "저는 필요가 없어요"라면서 벌써 여러 해 급료도 가져가지 않았었다. 그래서 그 급료가 500루블가량 모였으며 "늙어서 필요할 것"이라며 전당포에 맡겨두었다. 그런데 이때 그녀가 어머니에게 속삭였다.

"돈이 필요하시다면 제 것을 갖다 쓰세요. 제게는 쓸 일이 없어요. 제겐 필요 없어요…."

우리는 그녀의 돈을 빌리지 않았고 다행히 일이 해결되었다. 하지만, 여기서 의문은 벌써 옛날에 죽은 이 여자, 그녀의 돈이 꽤 필요했을 양로원에서 세상을 뜬, 겸손한

이 여자는 과연 어떤 유형에 속했던 것일까? 사실 이러한 사람을 수전노나 협잡꾼 부류에 넣을 수는 없다고 나는 생각한다. 만일 그것이 아니라면 그녀의 행위를 어떻게 해석해야 할까? 그녀가 과연 '단지 초보적 생존 양식이나, 수동적 생활양식의 폐쇄적이고 목가적인 생활 습관 수준에서 그렇게 행동한 것일까?' 아니면 그녀가 '수동성'보다는 더 능동적인 무엇을 보여준 것일까? 압세옌코 씨가 이것에 대해서 어떠한 해석을 할지 매우 흥미롭다. 내 생각에 그는 아마 그것은 극히 개별적인 경우라고 오만하게 답할 것이다. 그러나 내 생애에 걸쳐, 나는 개인적으로 이 비슷한 경우를 몇백 번이나 보아왔다. 더구나 민중에게 침을 뱉지 않으며 그들을 관찰할 수 있는 또 다른 사람들도 있다는 것을 나는 잘 알고 있다. 여러분은 기억하지 못하는가? 세르게이 악사코프의 《가족 연대기》에 실린, 한 어머니가 카잔에 있는 병든 자기 아이에게 가려고 농부들에게 살얼음이 덮인 그 넓은 볼가 강을 건너게 해달라고 눈물로 애원하는 이야기를. 더구나 그 얼음은 봄철이 이미 시작되어 며칠 동안 아무도 건널 엄두도 내지 못했으며, 정말 건너가자마자 불과 몇 시간 뒤에 깨지기 시작해서 곧 흘러내려 갔던 것이다. 당신들은 이렇게 강을 건너던 아름다운 정경과 함께, 상황이 끝나고 나서 그 농부들이, 불쌍한 이 어머니의 눈물과 우리 주 그리스도를 위해서 한 일이라며, 돈 받기를 거부했던 장면을 기억하시는가? 더구나 이 장면은 농노제도하의 가장 어두운 시대에 있었던 일이었던 것이다! 도대체 이것도 특수한 사실이란 말인가! 그것이 아무리 칭찬할 일이라 해도 그것이 그들에게 단지 '본능적 생존 방식 수준이며, 수동적 생활 방식의 은둔적이고 목가적인 양식 수준에 지나지 않는다'는 말인가? 과연 그럴까? 이것이 과연 단순히 예외적인 우연한 사건이란 말인가? 어머니의 슬픔에 동조해서 자신의 생명을 자진해서 담보하는 행위가 과연 단순히 수동적인 행위라고 인식할 수 있을까? 오히려 민중의 진리로부터, 그리고 그들 민중의 자비심과 폭넓은 민중적 관점에서 나온 것은 아닐까? 더구나 그것은 가장 야만적인 바로 농노제 시대에 있었던 일이 아닌가? 여러분은 아마 민중은 신앙이란 것조차 모르며, 그들은 기도문도 외울 수가 없다고 말할 것이다. 그들은 판자를 향해 기도하며, 신성한 금요일에 대해, 그리고 프롤과 라브르에 대해 알 수 없는 헛소리를 중얼거린다고 말할 것이다. 그러나 나는 당신들에게 그러한 생각은 전적으로 러시아 민중에 대한 끊임없는 멸시의 결과이며, 그것은 문화인 유형의 러시아인들에게 완고하게 유지되어 온 편견의 결과라고 답하겠다. 우리는 민중의 신앙과 정교에 대한 극히 자유주의적이며 불경한 일화를 약 두 다스 정도는 알고 있다. 즉 우리는 한 노파가 사제에게 어떻게 죄를 고백하는가, 한 농부가 금요일에 어떻게 기도를 하는가 등의 조롱조의 이야기에 탐닉한다. 만일 압세옌코 씨가 진정 자신이, 러시아를 구원했던 민중의 신앙 문제에 대해—슬라브주의자의 말을 일부 그대로 베끼지만 않고—쓴 것이 무엇인지 이해했더라면, 그는 지금 결코 저렇게 그들 민중을 거의 '수전노나 착취자들'로 묘사하며 모욕하지는 않았을 것이다. 그러나 사실은 이 사람들이야말로 정교에 대해서 아무것도 아는 것이 없으며, 그 때문에 우리 민중에 대해서도 결코 이해할 수 없다. 민중은 분명히 자신들의 신, 그리스도에 대해서 안다. 그들은 학교에서 배우지 않았어도 아마도 오히려 우리보다도 더 잘 알고 있을 것이다. 그들은 안다. 그래서 수세기 동안 그 많은 고통과 슬픔을 참아왔던 것이다. 태초부터 오늘날까지 그들은 줄곧, 민중을 위해 일하고 러시아 대지를 지키려고 생을 걸었던 그들의 성인들로부터 자신들의 신, 그리스도에 대해서 들어왔던 것이다. 그래서 그들은 오늘날까지 그 성인들을 숭상하고, 그들의 이름을 기억하며 그 묘 앞에서 기도하는 것이다. 이런 의미에서 우리 민중은 그들 중 가장 무지몽매한 계층조차도 당신들이 그들에 대해 생각하는 문화적 몽매 상태보다는 훨씬 더 교양이 있고, 당신들이 아무리 교리 문답을 배웠다지만 아마 여러분 자신들보다 그들이 더 많은 지혜를 지녔을지도 모른다.

《작가의 일기》 1876년 4월호

역설가

전쟁과 전쟁의 소문에 대해 언급하고자 한다. 나는 역설가 한 사람을 안다. 나는 오래전부터 그 사람을 알고 있다. 그는 누구에게도 전혀 알려지지 않은 사람이며 이상한 성격의 공상가다. 그에 대해서는 이후에 반드시 상세히 부언할 것이다. 그러나 지금 내가 기억하는 것은, 벌써 몇 년 전의 어느 날 그가 전쟁에 대해서 나와 논쟁을 벌인 일이다. 그는 대체로 전쟁이라는 것을 변호했다. 아마 역설의 유희를 즐긴 것뿐이었을 수도 있다. 참고로 말해두자면 그는 '문관'이며, 아마 이 세상에서, 또는 우리의 페테르부르크에서 가장 평화적이고 악의 없는 사람 중 하나다.

"미개한 생각입니다. —그는 대수롭지 않게 말을 했다 —전쟁이 인류에게 채찍이라고 하는 것 말입니다. 전쟁은 그 반대로 가장 유익한 것입니다. 전쟁 중, 단 한 가지 혐오스럽고 정말 파멸적인 것은 바로 내전, 즉 형제가 서로 죽이는 전쟁입니다. 이 전쟁은 국가를 붕괴, 분해시키고, 필연적으로 너무 오래 계속되며, 몇 세기 동안 국민을 야수로 만듭니다. 그러나 정치적인, 국제적인 전쟁은 모든 점에서 유익하며, 따라서 절대적으로 필요한 것입니다."

"이보시오. 한 국민이 다른 국민을 짓밟고 사람이 서로 죽이려 드는 것에 무슨 필요성이 있단 말입니까?"

"모든 것이, 그리고 최고 수준에서 필요하지요. 그러나 첫째로, 사람이 서로 죽이려 든다는 것은 거짓입니다. 그것은 제1차 목적과는 관련 없는 일이며, 오히려 그들은 자신의 생명을 희생하러 가는 것이고, 바로 그것이 최우선의 과제여야 하는 것입니다. 그것은 전혀 다른 것입니다. 자신의 형제와 조국을 지키고, 또는 단지 자기 조국의 대의를 위해 자신의 목숨을 희생하고자 하는 것보다 더 고결한 사상은 없습니다. 숭고한 이념이 없으면 인류는 존속할 수가 없습니다. 나는 인류가, 말하자면 숭고한 이념에 관여하고자 하기 때문에 전쟁을 좋아하는 것이 아닌지 의심마저 듭니다. 거기에 요구가 있는 것입니다."

"과연 인류가 진정 전쟁을 좋아할까요?"

"물론이지 않고요? 전쟁 중에 과연 누가 저기압인가요? 오히려 그 반대로 모두가 갑자기 기운이 나고 정신이 고조되어, 평화로운 시기와 같은 일상의 권태 또는 우울함에 대한 말은 어디서도 들을 수 없게 됩니다. 그리고 전쟁이 끝난 후에는 그들은 곧 그 전쟁에 대해 회상하는 것을－패배했을 때조차도－그토록 즐거워하는 것입니다! 전쟁 중 사람들은 만나면 머리를 흔들면서 '불행한 일이지, 빨리 끝나야지!' 하고 서로 말을 주고받지만 그것은 단지 의례적인 허사입니다. 오히려 누구나 마음속으로는 축제지요. 아시다시피 사람들은 타인의 관념을 인정하는 것은 참으로 어려운 법이며, 그래서 잘못 말했다가는 '짐승이다', '보수다' 하고 비난을 받을 것이며, 모두가 그것을 두려워하는 것입니다. 그래서 그 누구도 전쟁을 찬미하려 하지 못할 뿐입니다."

"그러나 당신은 숭고한 이념에 대해, 그리고 인성의 복원에 대해 이야기하고 계십니다. 과연 전쟁이 없다면 숭고한 이념은 발현될 수 없는가요? 도리어 평화로운 시기야말로 그 발달이 더욱 순조롭지요."

"전혀 그렇지 않습니다. 완전히 반대지요. 평화가 오래 지속되면 숭고한 이념은 사라지고, 그 대신 냉소와 무관심, 권태, 그리고 기껏해야 심술궂은 비웃음, 이런 것들이 발달하고, 더구나 그것은, 어떤 중요한 일을 위해서가 아니고 거의 한가로운 심심풀이를 위해서입니다. 긴 평화는 사람을 잔인하게 만든다고 단언할 수 있습니다. 평화가 오래 지속되면 사회의 중심축은 인간 사회의 나쁜 면과 거친 면 쪽으로 기울어지는 법입니다. 즉 주로 부와 자본 쪽이겠지요. 영예, 인류애, 자기희생 같은 정신은 전쟁이 끝나고 나서 더욱 높이 평가받고 존경받습니다. 그러나 그 평화가 오래 계속될수록 이러한 훌륭하고 숭고한 것들은 핏기를 잃고, 메마르고, 죽어가고, 대신 부와 탐욕이 모든 것을 삼켜버립니다. 결국, 남는 것은 위선뿐이지요. 명예와 자기희생, 그리고 의무감조차 위선이 되고, 그 덕목들은 온갖 냉소주의에도 불구하고 여전히 존중받겠지만 그러나 그것은 형식을 위한 말치레에 지나지 않는 것입니다. 참다운 명예는 없어져 버리고 공식들만 남게 될 것입니다. 명예의 공식들, 그것은 명예의 죽음입니다. 오랜 평화는 권태를 빚어내고 사상의 타락과 음탕을 부르고 감정을 둔하게 만드는 법이지요. 향락은 세련되지 못하고 거칠게 되죠. 조악한 부는 숭고한 정신을 향락할 수가 없으며, 더욱 속되고 물적인 방향으로, 즉 육욕을 직접 만족하게 하는 향락을 요구하게 됩니다. 향락이 오직 육욕적으로 되는 거지요. 그리고 그 육욕은 색정을 유발하고 색정은 언제나 잔인성을 동반합니다. 당신은 아무래도 이 모든 것을 부정할 수는 없을 것입니다. 왜냐하면 이 중요한 사실을 결코 외면할 수 없기 때문입니다. 즉 평화가 오래 지속되면 사회의 중심축은 항상 결국은 조악한 부로 옮겨간다는 사실 말입니다."

"그러나 과학이나 예술은 전쟁 중에도 발달할 수 있는

것이며, 이것이야말로 위대하고도 숭고한 사상이 됩니다."

"이제야 당신이 바른말을 하십니다. 과학과 예술은 바로 전쟁 직후 초기에 항상 발달하는 것입니다. 전쟁은 과학과 예술을 혁신하고 갱생시키며, 사상을 강건하게 하며 그것에 자극을 주는 것입니다. 이와 반대로 평화가 오래가면 과학도 쇠퇴합니다. 의심할 여지없이, 과학 연구는 숭고한 정신과 자기희생의 정신까지도 요구하는 법입니다. 그러나 학자들 가운데 평화의 병독에 저항할 수 있는 사람이 많이 있을까요? 그들 또한 거짓 명예와 자존심과 육욕에 사로잡혀 있는 것입니다. 예컨대 질투와 같은 번뇌를 극복하도록 하십시오. 질투는 거칠고 추악하지만 가장 고결한 학자의 정신 속에도 침입하는 법입니다. 곧 학자도 일반 사회의 화려함과 광휘 속에 참여하고 싶어 하지요. 부의 영광 앞에서 과학적 발견의 영광이란 것이, 예를 들어 해왕성의 발견과 같이 그렇게 충격이 큰 것이 아니라면, 무슨 의미가 있을까요? 당신은 그런 곳에 과연 정말 근면한 일꾼이 많이 남으리라 생각하시나요? 아닙니다. 그들도 명예를 원하고, 그래서 과학에도 협잡이 나타나는가 하면, 큰 충격만을 쫓게 되며 부를 갖고 싶은 욕망 속에 공리주의만을 추구하게 되지요. 예술에서도 마찬가지입니다. 충격이나 정교함만을 추구하게 됩니다. 단순하고 명료한, 숭고하고 건전한 사상은 이제 유행에서 밀려나고, 무언가 더 외설적인 것이 요구되며, 열정의 기교가 필요합니다. 점차 절제와 조화의 감각은 사라지고 감각과 열정의 왜곡이 일어나며, 감각의 세련이라고 일컫지만 실제로는 감각의 저질화가 나타날 뿐입니다. 오랜 평화의 끝에 예술은 언제나 이런 것들에 굴복하게 됩니다. 만일 세상에 전쟁이라는 것이 없다면 예술은 결국 사멸할 것입니다. 예술 속의 모든 고결한 사상은 전쟁과 투쟁에 의해서 주어져 왔던 것입니다. 코르네유의 〈오라스(Horace)〉[19] 같은 비극을 보세요. 그리고 벨베데레[20]의 괴물을 무찌르는 아폴론 입상을 보세요!"

"그렇다면, 마돈나는? 그리스도교는요?"

"그리스도교도 전쟁이란 사실을 인정하고, 세상이 끝날 때까지 칼은 사라지지 않는다고 예언했지요. 그것은 매우 탁월하며 놀라운 사실입니다. 오오, 물론 그리스도교는 최고의 고매한 도덕적 의미에서 전쟁을 배척하고 형제애를 요구하고 있지요. 만일 칼을 두드려 쟁기로 고쳐

19) 오라스 : 프랑스의 극작가 코르네유(1606~1684)의 운문 비극.

20) 벨베데레 : 로마 바티칸의 벨베데레 미술관.

만들 때가 온다면 나 자신이 맨 먼저 좋아할 겁니다. 그러나 그런 때가 언제 올지가 문제지요. 또 지금 칼을 두드려 쟁기로 고쳐 만들 이유가 있습니까? 이 시대의 평화는 언제나 어느 곳에서나 전쟁보다 나쁩니다. 그것은 특히 도저히 지지할 수 없는 정도로 부도덕해졌으므로 더 나쁜 것입니다. 존중하고 보전할 그 무엇이 전혀, 아무것도 없다는 말입니다. 도리어 그것을 보전하는 것은 부끄럽고 비열한 행위입니다. 부와 저열한 향락이 게으름을 낳고 게으름은 노예를 낳습니다. 노예를 노예 상태로 붙잡아 두고 그들로부터 자유 의지와 교육의 가능성을 박탈해야 합니다. 사실 당신이 어떤 사람이든, 아무리 인도주의적인 사람이라고 해도 사는 데 노예가 필요 없다고 할 수는 없지 않겠습니까? 한마디 더하자면, 평화의 시기에는 비겁함과 기만이 더욱 깊게 뿌리를 내린다는 것입니다. 인간은 천성적으로 비겁하고 파렴치한 경향으로 이상할 정도로 강하게 끌리고, 자신도 이것을 잘 아는 법입니다. 이것이 바로 사람이 그처럼 전쟁을 갈망하고 전쟁을 사랑하는 이유이며, 결국 전쟁 속에서 약을 구하는 격입니다. 전쟁은 형제애를 발달시키고 민중들을 결합시킵니다."

"어떻게 민중들을 결합시켜 준단 말입니까?"

"서로서로 존중하게 강압하기 때문이죠. 전쟁은 인간

을 새롭게 만들죠. 인간애는 그 어느 곳보다 싸움터에서 가장 강하게 발달하는 것입니다. 이것은 차라리 이상한 사실이지만, 전쟁은 사람을 평화보다 덜 괴롭게 만듭니다. 사실 평화 시의 그 어떤 정치적 모욕과 오만무례한 조약, 정치적 압박, 흡사 1863년에 유럽이 우리에게 행한 것과 같은 오만한 요구는 실제 전쟁보다 훨씬 더 괴롭게 만듭니다. 지난 일을 회상해 봅시다. 크림 전쟁 때 우리는 과연 프랑스인이나 영국인을 미워했었던가요? 도리어 그 반대로 마치 그들과 더욱 친밀해진 듯, 친척처럼 되기까지 했습니다. 우리는 우리의 용감성을 말하는 그들의 견해에 흥미를 느꼈고 그들 포로를 귀여워했습니다. 우리 병사와 장교들은 휴전할 때마다 전초로 나아가 거의 적과 끌어안을 듯이 했고, 보드카를 함께 마시기까지 했습니다. 러시아는 이러한 신문 기사를 즐기며 읽었고, 그것이 다른 한편에서의 훌륭한 전투를 방해하지는 않았습니다. 기사도 정신이 발달했습니다. 전쟁에 따른 물질적 궁핍에 대해서 나는 언급하지 않으렵니다. 전후에 곧 모든 것이 새로운 힘으로 부활한다는 법칙을 모르는 사람은 하나도 없지요. 국가의 경제력은 마치 무서운 먹구름이 바짝 마른 대지 위에 엄청난 비를 쏟아 부은 것처럼 10배나 부흥했습니다. 모두가 곧바로 전쟁 이재민을 돕기 시작했습니다. 평화

시기라면 전체 지역이 기근으로 아사 상태에 놓이는 동안 우리는 다만 어물대거나 겨우 3루블 정도 내는 데 머물 것입니다."

"그러나 전시에는 역시 그 누구보다 민중이 고통을 당하게 되고, 사회 상류층과는 비교가 안 될 만큼의 파산과 불가피한 부담을 떠안게 되는 것이 아닐까요?"

"그럴지도 모르지만, 그것은 일시적이고 잃는 것보다는 얻는 것이 더 많습니다. 전쟁은 분명히 민중을 위해서 가장 좋은, 가장 고귀한 결과를 남기는 것입니다. 당신은 자신이 인도주의적인 인간이라 아무리 자처해도 그러나 당신은 역시 자신을 평민보다 우월하다고 생각하고 있습니다. 과연 오늘날 누가 기독교의 잣대로, 영혼을 영혼으로 재는 자가 있습니까? 모두 지갑과 권위와 힘으로써 재는 것이며, 평민들도 모두가 이것을 너무나 잘 알고 있습니다. 그것은 결코 질투가 아닙니다. 여기에는 평민들에게 너무나 독한 윤리적인 불평등에 대한 그 어떤 참을 수 없는 감정이 나타나는 것입니다. 아무리 당신들이 그들을 해방시키고 어떠한 법률을 제정한다 해도 현대사회에서 인간의 불평등은 제거되지 않습니다. 유일한 약은 전쟁입니다. 그것은 이완제에 불과하고 일시적이기는 하지만, 민중에게는 반가운 것입니다. 전쟁은 민중의 영혼을 고양하고, 그들 자신의 자존심을 자각하게 해줍니다. 전쟁은 전투 중의 모든 사람을 평등하게 만들고 인간적인 품위의 최상의 발현 속에—공공을 위한, 모든 사람을 위한, 조국을 위한 생명의 희생의 대의 속에서—주인과 노예를 화해시킵니다. 당신은 정말 저 대중이, 가장 무지한 농부나 빈민 무리까지도, 고결한 감정의 실천적 발현의 필요성을 느끼지 않는다고 생각하십니까? 그렇다면, 평화 시에는 이들 대중이 무엇으로 자신들의 고결성과 인간적인 자긍심을 발현할 수가 있습니까? 우리는 평민들 속에서 간혹 개별적인 고결성의 발현을 보게 되지만, 거의 관심을 줄 가치가 없는 것처럼 대하며, 때로는 의혹의 미소로, 때로는 불신의 눈으로, 또는 간혹 정말 의심하며 바라볼 뿐입니다. 그리고 어떤 개인의 영웅주의가 확인되면 즉시 특별한 일에 마주치기라도 한 것처럼 부산을 떱니다. 그것은 결국 우리의 감탄과 우리의 칭찬은 경멸과 다를 것이 없다는 것을 입증합니다. 전쟁 시기에는 이 모든 것이 스스로 사라지고 영웅주의의 완전한 평등이 이루어지지요. 흘린 피는 소중한 것입니다. 고결성에 기초한 공동의 위업은 불평등과 계급들 사이에 가장 단단한 연결점을 낳아주지요. 1812년에 지주와 농민이 함께 싸울 때는[21] 정말 그들의 고향의 마을에, 평온한 대저택에 있을 때보다 서로서로 더 가까웠습니다. 전쟁은 대중들에게 자신을 존중하게 되는 동기를 유발하며, 그래서 민중은 전쟁을 좋아하는 것입니다. 그들은 전쟁에 대한 노래를 만들고 그 전설이나 이야기에 오랫동안 귀를 기울이고요…. 흘린 피는 소중한 것이지요! 아니, 전쟁은 우리 시대에 특히 필요한 것입니다. 전쟁이 없으면 세계는 붕괴하거나, 적어도 그 어떤 점액질이나, 또는 감염되어 썩은 상처에서 흘러나오는 것 같은 어떤 더러운 진창이 될 것이며…."

물론 나는 논쟁을 그쳤다. 공상가와의 논쟁은 불가능한 것이다. 그러나 아주 이상한 사실이 벌어지고 있다. 이미 오래전에 결론이 나 고문서 창고에나 주었어야 할 만한 일들에 대해 지금 새로이 논쟁을 시작하고 여기저기서 거론들을 하고 있다. 지금 이 모든 것이 다시 파헤쳐지는 것이다. 중요한 것은 이것이 어디서나 이루어지고 있다는 점이다.

《작가의 일기》 1876년 4월호

---

21) 러시아를 침공한 나폴레옹과의 전쟁.

조르주 상드의 죽음

신문에서 조르주 상드의 사망 소식(러시아력 5월 27일, 신력 6월 8일에 사망)을 접했을 때, 《작가의 일기》 5월호가 이미 조판이 끝나 인쇄에 들어가 있었다. 그래서 나는 이 죽음에 대해 한마디도 언급할 겨를이 없었다. 그러나 그 소식을 읽었을 때, 이 이름이 내 생애에 무엇을 의미하는지 깨닫게 되었다. 지난날 이 시인은 나에게 얼마나 많은 환희와 존경심을 불러일으켰으며, 또 얼마나 많은 기쁨과 행복을 주었던가! 나는 지금 조금도 주저하지 않고 이 말들을 당당하게 쓰고 있다. 그것은 모두 사실이기 때문이다. 상드는 우리와 동시대 사람이며, 1830년대와 1840년대의 이상주의자였다. 그녀의 이름은 힘차고 자신감이 넘치는 한편 너무나 모호한 이상과 지극히 불가능한 희망으로 가득 찬 병적인 금세기를 대표하는 이름이었다. 이 이름은 '성스러운 기적의 나라'에서 생겨나, 영원히 창조 과정에 있는 우리 러시아로부터 너무나 많은 사상과 너무나 큰 사랑, 신성하고 고결한 열망과 살아 있는 생명력, 그리고 소중한 신념을 유인해 냈다. 그러나 우리는 그것을 불평할 필요가 없다. 러시아인은 그러한 이름을 추앙하고 그 앞에 무릎을 꿇어 참다운 사명을 실천했으며, 지금도 실천하고 있다. 그러나 이러한 나의 말로 해서 놀랄 것은 없다. 특히 조르주 상드에 대해서는 더욱 그렇다. 이 작가에 대해서는 아직도 논란이 있을 수 있고 더구나 우리나라 사람들의 90퍼센트는 아니더라도 절반 정도는 이미 그녀에 대해 잊고 있기 때문이다. 그러나 그녀는 과거 우리나라에서 당시의 자신의 역할을 완수했다. 과연 온 세계에서 그녀의 동시대인인 우리가 아니라면, 누가 그녀의 묘 앞에 모여 추도의 뜻을 표해야 하는가? 우리 러시아인에게는 조국이 두 곳에 있다. 우리 '루시'[22]와 '유럽'이다. 그것은 우리 자신이 슬라브주의자라고 불릴 경우에도 마찬가지다(이런 말에 대해 그들이 나에게 화를 내지 않았으면 좋겠다). 이것은 논쟁거리가 될 필요가 없다. 우리 러시아인이 이미 자인한 우리 미래의 사명 가운데서, 가장 위대한 사명 중의 가장 위대한 것은 전 인류적 사명이며, 그것은 단지 러시아나 전 슬라브 민족만을 위한 것이 아니고 인류 전체에 대한 봉사다.[23] 잘 생각해 보라. 그러면 슬라브주의자들도 같은 관점을 갖고 있었다는 점을 당신도

---

22) 루시 : 러시아의 옛 이름.

23) 작가의 러시아 민족주의와 메시아니즘이 두드러진다.

동의할 것이다. 바로 그 때문에 그들은 우리에 대해 더욱 엄격하고 확고하고 책임 있는 러시아인이 되기를 강조했던 것이다. 전 인류적 개념은 러시아인의 가장 중요한 특징이며 사명이라는 것을 인식했기 때문이다. 그렇지만, 이 모든 것에 대해서는 아직 많은 해명이 필요하다. 즉 전 인류적 이상에 봉사하는 것과, 함부로 또는 불만에 차 조국을 저버리고 경박하게 유럽을 이곳저곳 떠돌아다니는 것은 완전히 상반된 경우인데도, 사람들은 아직도 그것을 혼동하고 있다. 사실 우리가 유럽에서 러시아로 이식한 많은 것은, 주인을 대하는 노예와 같거나, 포투긴 패거리가 끊임없이 주장하는 것과 같이 베껴낸 것이 아니라, 오히려 그 반대로 우리의 유기체와 피와 살에 접목시킨 것이다. 그 가운데는 저 서구인들이 전적으로 자신의 것으로 생각하는 것도 있지만, 그들이 그랬던 것과 똑같이 우리가 생활 속에서 체화하고 '독자적으로' 고뇌하며 만들어낸 것도 있다. 유럽인들은 이것을 절대로 인정하려 하지 않을 것이다. 그들은 우리를 모르고 있다. 그러나 지금으로서는 그것이 더 낫다. 궁극적으로 전 세계를 놀라게 할 이 과정을 눈에 띄지 않게 조용히 진행할 수 있기 때문이다. 이 과정은 바로 다른 나라의 문학 작품에 대한 우리의 태도에서 부분적으로 뚜렷하고 확연하게 감지할 수 있다. 그들의 시인들에 대해 우리는 적어도 우리나라 대다수 지식인에게 저 서구 사람들이 느끼는 것과 똑같이 친숙감을 느끼고 있다. 다시 말하자면 유럽의 모든 시인, 사상가, 박애주의자는 그들의 조국을 제외하고 전 세계 나라 중 어디보다도 러시아에서 제일 친근하게 이해되고 받아들여진다. 예를 들어 셰익스피어, 바이런, 월터 스콧, 디킨스는 독일인보다 러시아인에게 더 친숙하고 명쾌하게 받아들여지고 있다. 물론 우리나라에서 이 작가들의 번역 작품은 책이 풍부한 독일에 비해 10분의 1도 안 되게 팔리는 실정이지만 말이다. 프랑스 국민 공회는 1793년에 인류의 친구인 독일 시인 실러에게 시민권 인증서를 보내어 아름답고 장엄하고 예언적인 행위를 했다. 그러나 바로 그 실러가 유럽의 다른 한쪽 끝, 미개한 러시아에서 프랑스에서보다 더욱 국민적이고 친근감이 깊은 시인이라는 것을 의심해 본 일이 없다. 그것은 당대뿐만 아니라 그 후 금세기 전체를 통해 그랬다. 그러나 사실 프랑스에서는 프랑스의 시민이며 인류의 친구인 실러를 알고 있었던 것은 문학 교수들뿐이었다. 그것도 전부가 아니고 그 이해도 깊지 못했다. 그런데 러시아에서 그는 주콥스키와 함께 러시아인의 영혼 속에 흡입되어 각인되고, 우리의 발달사에 한 시대의 획을 그었다. 세계문학에 대한 러시아의 이러한 태도는 다른 어떤 나라에서도, 그리고 세계사를 통해 전례가 없던 현상이었다. 그리고 만일 이런 것이 정말로 러시아의 국민적 특질이라면, 그러한 신경질적인 애국심 또는 이른바 쇼비니즘은 이 현상에 대한 반대 의견을 진술할 권리를 가질 수도 있다. 또는 그 특질 속에서 우리의 장래를 추정하는 데 있어 큰 가능성을 약속해 준다거나 가장 예언적이라는 사실을 인식하자는 것을 거부할 수도 있다. 오, 물론 많은 사람이 내가 조르주 상드에게 위와 같은 의의를 부여한 것을 읽고 웃을 것이다. 그러나 그것은 웃는 쪽이 옳지 못한 것이다. 그러한 과거사와 함께 이제는 오랜 세월이 흘렀으며, 조르주 상드 자신도 일흔 살의 노파가 되어, 아마 자신의 명성조차 과거의 것으로 돌리고 죽어갔을 것이다. 그러나 이 여류 시인의 출현으로 '새로운 말'이 만들어졌으며 그녀야말로 '전 인류적'인 것을 구현해 낸 것이다. 당시 이 모든 것이 우리 러시아에 즉시 강렬하고 깊은 인상을 남겼던 것이며, 그것은 결코 우리를 피해갈 수 없었던 것이다. 그리하여 유럽의 모든 혁신적인 시인과, 새로운 사상과 신선한 열정을 가지고 등장한 모든 사람은 단번에 러시아의 시인이 되지 않을 수 없고, 러시아 사상을 피할 수가 없으며, 러시아 세력이 되지 않을 수 없다는 사실을 증명했던 것이다. 그러나 나는 절대 조르주 상드에 대한 비평문을 쓰고자 하는 것이 아니라 단지 고인의 묘 앞에 몇 마디 조사를 바치려고 했을 뿐이다.

《작가의 일기》 1876년 6월호

조르주 상드에 관한 몇 마디

조르주 상드가 문학계에 나타난 것은 나의 청춘 시대 초기와 때를 같이한다. 그리고 그 시절이 이미 먼 옛날이었다는 것을 매우 기쁘게 생각한다. 이제 30년이나 지났으니 정말 솔직하게 말할 수 있기 때문이다. 여기서 지적해야 할 것은, 당시에는 오직 소설만이 허용되었다는 것이다. 그 밖의 모든 사상은, 특히 프랑스에서 들어온 것은 엄격히 금지되었다. 아, 물론 그들은 자주 제대로 눈여겨보지 못하기도 했다. 정말 어디서 그 기술을 배울 수가 있었겠는가? 메테르니히[24]조차도 제대로 감시할 수 없었는데, 하물며 우리 같은 모방자들이야. 그 때문에 '지독한 것'이 쉽게 빠져나올 수 있었다(예를 들어 벨린스키의 모든 글도 그렇게 나왔다). 그 대신 그 시기의 말미에는 오류를 범하지 않으려는 듯 마침내는 대부분 금지하기 위해, 잘 알

24) 메테르니히 클레멘스(Metternich Klemens, 1773~1859) : 오스트리아의 정치가. 1809년 이후 외상 또는 재상으로서 오스트리아의 국정을 장악했다. 빈 회의에서 주도적 역할을 해 보수 세력의 지도자로서 유럽 제국의 자유주의·민족주의 운동을 탄압했다. 1848년에 빈의 3월 혁명으로 실각했다.

려진, 행간까지 읽어내는 수법을 쓰기에 이르렀다. 그 바람에 조르주 상드에게 감시자들은 큰 실수를 저질렀다. 다음 시를 기억할 것이다.

티에르와 라보[25]의 책들을
모두 다 기억하며,
격정적인 미라보와 같이
자유를 찬양하고 있네.

이 시는 굉장히 뛰어나고 희귀한 시로서 아마 영원히 남게 될 것이다. 그것은 역사적이기 때문이다. 그러나 이 시가 더욱 귀중한 것은 시인이며 문학자이며 가장 정직한 러시아인인 데니스 다비도프[26]가 쓴 것이기 때문이다. 그러나 디비도프가 그때 다름 아닌 티에르를(물론 혁명사 때문에) 위험 인물로 다루고, 라보(그런 인물이 아마 있었던 것 같으나 나는 모른다)라는 인물과 함께 그 시 속에 등장시키고 있는 것을 보면 당시 공적으로 허용될 수 있는

25) 티에르는 당대 프랑스 역사가로 《프랑스 혁명사》의 저자이고, 라보는 혁명가 장 폴 라보다.

26) 데니스 다비도프 : 1812년 조국 전쟁에 종군해 무명(武名)을 떨친 카자크 장교. 시인.

것이 너무나 적었다는 것을 알 수 있다. 그래서 그 결과가 어떻게 되었던가? 당시 소설 형식으로 우리나라에 침투한 것은 그 자체로 이바지했을 뿐만 아니라, 아마 오히려 당시 시대 상황으로 본다면 가장 '위험한' 형식이었을 수도 있었다. 그것은 라보를 찾는 사람은 당시 그렇게 많지 않았지만, 조르주 상드 애호자는 수천 명이나 있었기 때문이다. 여기에서 또 기억해야 할 것은, 우리나라에는 마그니츠키[27]나 리프란디[28] 같은 인물들이 있었음에도 불구하고 벌써 전 세기부터 유럽의 지적 운동에 대한 소식이 언제나 즉시 전해졌다는 것이다. 그래서 지식 계급의 최상층에서부터 그런 문제에 조금이라도 관심이 있고 생각할 줄 아는 대중에게까지 즉시 전달되었다는 점이다. 1830년대의 유럽 운동에 대해서도 똑같은 현상이 일어났다. 이 거대한 문학 운동에 대해서는 1830년대 초기부터 바로 우리나라에 알려지게 되었다. 그 많은 새로운 웅변가, 역사가, 민권 옹호자, 교수 등의 이름도 이미 알려졌다. 그뿐

---

27) 마그니츠키(1778~1855) : 장군출신 내무 관료. 페트라셉스키 서클 체포 총책임자, 카잔 교육구 장학관 시절엔 카잔 대학의 폐쇄, 교수 11명의 퇴출을 명령하기도 함. 푸시킨의 《그 일발》에서 실비오의 모델.

28) 리프란디(1790~1880) : 내무성 고위관료, 보수 평론가, 시인.

아니라 비록 부분적이며 극히 미약하나마 이 운동이 무엇을 노리고 있는지도 알려졌다. 그리고 이 운동은 특히 예술에, 즉 소설에 강렬한 영향을 미쳤는데, 그것은 주로 조르주 상드의 것이었다. 사실 조르주 상드에 대해서는 그녀의 소설이 러시아어로 번역되기 전에 이미 센콥스키[29]와 불가린[30]은 이 책을 경계했다. 특히 그녀가 바지를 입고 다녀 러시아의 귀부인들을 놀라게 했다. 센콥스키와 불가린은 그 음탕함을 들어 놀라게 함으로써 웃음거리로 만들려 했다. 센콥스키는 그의 잡지《독서문고》에서 조르주 상드를 예고르 상드[31] 부인이라고 지칭하며 자신의 재치에 매우 만족했던 것 같다. 그 후 1848년에 불가린은 그녀에 대해《북방의 벌》지에서, 그녀가 날마다 성문 근처에서 피에르 르루와 술을 마시며 돌아다니고, 내무부에 드나들며 그 도둑놈 같은 내무장관 레드뤼 롤랭[32]이 주도하는

---

29) 센콥스키(Osip Ivanovich Senkovskii, 1800～1858) : 순예술파의 입장에서 진보적 문학, 특히 고골의 작품을 비판했다. 보수적 저널리스트이자 작가다.

30) 불가린(Faddei Bulgarin, 1789～1859) : 상트페테르부르크에서 발행되는 정부 기관지《북방의 벌》의 편집장. 보수적 저널리스트이자 작가다.

31) 예고르는 러시아식 남자 이름이다. 조르주 상드의 남장을 비꼰 표현이다.

아테네식 주연에 참여했다고 폭로했다. 나는 그 글을 직접 읽었기 때문에 아주 잘 기억한다. 그러나 당시 1848년에 조르주 상드는 이미 우리나라의 거의 모든 독자에게 알려졌었기 때문에 누구도 불가린을 믿지 않았다. 그녀의 작품이 처음 러시아어로 번역 출간된 때는 1830년대 중순경이었다. 유감스럽게도 나는 정확하게 언제 어떠한 작품이 처음으로 번역되었는지는 알지 못하지만, 그때 큰 감명을 받았던 게 틀림없다. 내 생각에 당시 모든 사람들은, 청년이었던 나처럼 그 전형과 이상의 순결함, 엄격하고 절도 있는 이야기의 겸허한 어조의 매력에 빠져 있었다. 그런데 그 여인이 바지를 입고 다니고 음란한 짓을 하다니! 내가 열여섯 살에 처음으로 읽은 소설《위스코크》는 더할 수 없이 매혹적인 그녀의 초기 작품 중 하나였다고 생각한다. 지금도 그때 그것을 읽고 밤새도록 열에 들떴던 것을 기억한다. 내 기억이 맞는다면 조르주 상드는 아마도, 당시 전 유럽에 갑자기 명성을 떨친 많은 새로운 작가군 속에서도 우리나라에서 줄곧 최고의 위치를 차지했던 작가였다. 당시 거의 동시에 우리나라에 나타났던 디킨스조차

---

32) 레드뤼 롤랭(1807~1874) : 정치가, 1828년 2월혁명 후 임시정부의 내무장관.

도 그녀보다 세인들의 관심을 덜 받았다. 그녀 이전에 출현했지만, 1830년대에 《외제니 그랑데》, 《고리오 영감》 등의 작품으로 소개된 발자크에 대해서는(그에 대해 벨린스키는 프랑스 문학에서 발자크의 의의를 완전히 무시해 공정성을 잃었다) 더는 말하지 않겠다. 하지만, 나는 지금 절대 비평적인 관점에서 말하는 것이 아니다. 단지 당시 러시아 독자 대중의 취향과 직접 그들이 받은 인상을 회상하는 데 지나지 않는다. 중요한 사실은 당시 독자들이 뒤에서 그토록 경계하던 것들을 모두 소설에서 이끌어낼 수 있었다는 점이다. 적어도 1840년대 중엽에 이미 우리나라 독자 대중은 조르주 상드가, 지난 세기 말에 있었던 피비린내 나는 프랑스 혁명(더 정확하게는 유럽 혁명)이 가져온 '실증적' 획득물을 정면으로 부정하며 나타난 당대 서구 신인의 반열에 속하며, 가장 총명하고 굳세며 정의로운 대표적 지식인이라는 것을, 비록 부분적으로나마 알고 있었다. 혁명이 끝나자(즉 나폴레옹 1세 이후) 새로운 희망과 이상을 표명하려는 새로운 시도가 나타났다. 진보적 지성들은 전체주의가 단지 부활한 것에 지나지 않으며, 'Ote toi de là, que je m'y mette(저리 비켜라. 내가 그 자리를 차지하겠다)!'[33]와 같은 식의 일이 생겼을 뿐이라는 것을 잘 알고 있었다. 또, 세계의 새로운 지배자(부르주아)는 어쩌면 그전의 폭군(귀족)보다 못할지도 모르며, '자유 · 평등 · 우호'는 요란한 미사여구에 지나지 않는다는 것을 너무나 잘 알고 있었다. 그뿐만 아니라 그러한 미사여구는 결국 실현 불가능한 말이라는 것이 일반론이 되었고, 승리자들은 이러한 세 마디 신비로운 말을 이미 냉소적인 목소리로 지껄이거나 차라리 회상하게 되었다. 학계(경제학자들)조차도 그때에 새로운 말을 내걸고 등장한 그 빛나는 대표자들에게 냉소를 보내며, 그 때문에 그토록 많은 피를 흘리게 한 이 세 단어의 유토피아적 의미를 비난했다. 그렇게 점차 이 감격에 겨운 승리자들 옆에 그들의 축제 분위기를 망치는 낙담하고 슬픈 얼굴이 나타나기 시작한 것이다. 그런데 바로 이 시기에 갑자기 정말로 새로운 말이 울려 퍼지고 새로운 희망이 생겨났다.

즉, "본질이 왜곡되고 시작이 잘못된 것이다. 지배자의 정치적인 경질로는 아무런 결과도 얻은 것이 없다. 본질을 추구해야 한다. 인류의 갱신은 근본적이고도 사회적이어야 한다"라고 용감하게 선언한 사람들이 나타났던 것이다. 오, 물론 이러한 선언과 함께 추하고, 매우 해로운 결론도 많이 나타났다. 그러나 여기서 중요한 것은 희망이

33) 13번 각주 참고.

다시 반짝이기 시작하고 신뢰가 부활하기 시작했다는 점이다. 이 운동의 역사는 이미 알려졌듯이 오늘날까지도 계속되고 있고, 결코 중단될 기미가 없어 보인다. 나는 여기서 그에 대한 찬반을 논하려는 것이 아니라, 이 운동에서 조르주 상드의 진정한 위치를 지적하고자 했을 뿐이다. 그녀의 위치는 이 운동의 시발점에서 찾아야 한다. 그 무렵 유럽인들은, 그녀를 여성의 새로운 위치를 선전하고 '자유로운 아내의 권리(센콥스키의 표현)'에 대해 예언하는 사람이라고 말했다. 그러나 이것은 완전히 맞는 말은 아니었다. 그녀가 선전하고자 한 것은 절대 여성에 국한된 것이 아니었으며, '자유로운 아내'와 같은 말은 하지도 않았기 때문이다. 조르주 상드는 전체 운동에 속해 있었던 것이지 단순히 여권의 선전에 매달려 있었던 것이 아니다. 사실 그녀 자신이 여자였으므로 남자 주인공보다 여주인공을 더 즐겨 다루었던 것이다. 당연히 전 세계의 여인들은 지금 상복을 입고 그녀를 애도해야 한다. 그들의 가장 숭고하고 아름다운 대표자가 작고했기 때문이다. 더구나 그녀는 정신과 재능의 힘에서 거의 전례가 없는 여인이며, 그 이름은 벌써 역사에 남았다. 유럽인 사회에서 잊히지 않고, 사라지지 않을 운명이 되었다. 되풀이해서 그녀의 여주인공들에 대해 말하자면, 내가 열여섯 살이 되었던 해, 처음으로 그녀의 작품을 읽은 후 사람들이 그녀에 대해 글로 쓰고 말해왔던 것들과 내가 받은 실제 인상 사이에 너무나 큰 괴리가 있어 그 기괴함에 놀랐다. 사실 그녀가 그린 많은 주인공, 또는 적어도 몇몇 주인공들은 매우 고매한 도덕적 순수성을 지녔다. 작가 자신의 영혼 속에 거대한 도덕적 요구나 완벽한 의무 관념이나 지고의 아름다움과 자비·인내·정의에 대한 이해와 수용력이 없었다면 절대로 창조될 수 없는 인물들이었다. 하긴 그녀 자신의 자비·인내·의무 관념과 함께 타인에 대한 요구와 항의가 때론 지나치게 오만하긴 했으나, 이런 오만함이야말로 귀중한 것이었다. 그것은 사실, 그것이 없이는 인류가 도저히 고매한 도덕적 정점에 다다를 수 없는 최고의 진리에서 도출된 것이었기 때문이다. 그렇지만 이 오만함은 나는 너보다 낫다, 너는 나보다 못하다고 하는 상대편에 대한 적대감이 아니라, 단지 부정이나 악행과는 도저히 타협할 수 없는 가장 순결한 감정이다. 다시 한 번 반복하지만, 이러한 감정은 모든 것을 용서하는 무한한 관대함이나 자비심을 절대 배제하지 않는다. 더구나 이 오만함은 그와 상응하는 절대적 의무가 수반된다. 이들 여주인공들은 희생과 영웅적 위업에 목말라 있었다. 당시 특히 내 마음을 끌었던 인물은, 그 무렵 베네치아 소설이라고 불린 그녀의 초기 작품(《위스코크》와 《알다니》가 이에 속한다)에 나타난 몇몇 수녀 유형이며, 이것은 그 뒤 잔 다르크에 대한 역사적 문제의 찬란한, 그리고 아마도 결정적인 해결책을 제시하는, 그야말로 천재적 작품 《잔》에서 완성되었다. 그녀는 현대의 농사꾼 처녀 속에 갑자기 역사상의 인물 잔 다르크의 이미지를 부활시켰으며, 그 거대하고 기적 같은 역사적 현상의 현실적 가능성을 생생하게 입증했다. 그것은 완전히 조르주 상드식 과제이다. 그것은 동시대의 시인 가운데 그녀 외에 누구도 그만큼 깨끗하고 때 묻지 않은 처녀의 이상형을—그 순진무구함 때문에 그만큼 순수하고 힘찬—마음에 품고 있었던 인물이 없었기 때문이다. 내가 말하는 이런 유형의 처녀는 그녀의 몇몇 작품 속에서 연속적으로 하나의 가제, 하나의 주제로 반복된다(그러나 처녀들뿐만이 아니다. 이런 주제는 그 뒤 같은 계열의 초기 작품 중 하나인 탁월한 소설 《후작부인》에서도 반복된다). 여기에는 곧고 정직하지만, 사회 경험이 없는 젊은 여성의 성격이 그려져 있다. 그녀는 악덕과 접촉하면서도, 때로는 생각지도 못한 죄악의 소굴 한복판에 우연히 떨어져서도, 두려워하지 않고 또 그것에 오염되지 않는 자랑스러운 순결함을 지니고 있다. 고결한 희생(그녀가 특히 기대는 것처럼)에 대한 열망이 이 젊은 처녀의 마음을 흔든다. 그래서 그녀는 조금도 주저하지 않고, 자기희생적으로, 과감히 가장 위험하고도 운명적인 한 걸음을 내딛는다. 그녀가 보고 만나는 그 어떤 것도 결코 그녀를 당황하거나 두려워하게 하지 못한다. 오히려 그 순간, 처음으로 자신의 모든 힘, 순진무구함과 정직과 순결의 힘을 알게 된 젊은 가슴속에 곧바로 용기를 불러일으킨다. 그것은 에너지를 배가시키고 그때까지는 자각하지 못한, 아직 생활을 위한 양보에 오염되지 않은 발랄하고 청순한 그녀의 지혜에 새로운 길과 새로운 지평선을 열어준다. 이와 더불어 가장 완벽하고 아름다운 시의 형식을 덧붙인다. 당시 조르주 상드는 자신의 시를 순진무구함과 성실성, 그리고 젊음과 천진난만함이 승리하는 행복한 결말로 장식하는 것을 특히 좋아했다. 이러한 이미지가 과연 사회를 교란하고 의혹과 공포를 불러일으킬 수 있을까? 오히려 반대로 가장 엄격한 가정의 부모들조차도 가족에게 조르주 상드를 읽히고, "어째서 세상 사람들이 그녀를 그렇게 말할까?" 하며 그저 놀라워할 뿐이었다. 그러나 그 자리에서 바로 경계의 목소리도 나왔다. "여성의 오만한 요구, 악에 대한 순결의 비타협성, 악덕에 대한 일체의 양보를 부정하는 겁 없는 태도, 그와 함께 천진스러움으로 투쟁에 나서고 부정을 바로 직시하는, 그 속에 독이 있다.

여성의 반항과 여성 해방의 독이 포함되어 있다"라고 말하는 것이다. 무슨 말인가? 아마도 어쩌면 독이라는 그 말은 너무도 정확할지도 모른다. 사실 독이 생기고 있다. 그러나 그 독은 과연 무엇을 제거하려 했던 것인가? 바로 이것이 일찍이 제기했어야 할, 오랫동안 해결하지 못했던 문제이다.

이 문제는 이미 해결되었다(그런 것 같다). 그렇지만 1840년대 중반에는 조르주 상드의 명성과 그 천재성의 힘에 대한 믿음이 절정에 도달해 있었기 때문에, 동시대인인 우리는 모두 다 그녀가 미래에 뭔가 새롭고 위대한 것, 지금까지 들어본 적 없는 새로운 말, 뭔가 결정적이고 최종적인 말을 해주기를 기대했다. 그러나 이 희망은 실현되지 못했다. 결론적으로 당시, 즉 1840년대 말경에 그녀는 자신에게 운명적 사명이었던 모든 것을 다 말했다. 그러나 우리는 지금에서야 그녀의 묘지 위에 그녀에 대한 마지막 말을 할 수 있다.

조르주 상드는 사상가가 아니다. 그러나 그녀는 인류를 기다리는 행복한 미래를 가장 뚜렷하게 통찰했던 예언자(이렇게 화려한 표현이 허락된다면)였으며, 평생 그런 인류의 이상이 달성될 것을 관대한 가슴으로 굳게 믿었던 인물이다. 그것은 특히 그녀가 자신의 영혼 속에 이상을 간직할 능력을 갖추고 있었기 때문이다. 이러한 신념을 끝까지 간직하는 사람은 일반적으로 숭고한 혼을 가진, 정말로 인류를 사랑하는 사람들이다. 조르주 상드는 신을 믿고, 영원한 생명을 믿으면서 자연신론자로서 죽었다. 그러나 이것만으로는 그녀에 대한 설명이 부족하다. 그녀는 사실상 공식적으로는(로마 가톨릭 신도로서) 그리스도에 대한 신앙 고백을 하지는 않았다. 그러나 아마 동시대 프랑스의 어느 작가보다도 더욱 진실한 그리스도교도였는지도 모른다. 물론 조르주 상드는 프랑스 여인으로서 모국의 동포 개념 때문에 '전 우주에 인간의 영혼을 구제할 수 있는 이름은 그 외에는 없을지어다'라는 정교의 근본이념을 의식적으로 받아들일 수는 없었다. 그러나 이러한 표면적이고 형식적인 모순에도 불구하고, 다시 말해서 조르주 상드 자신은 의식하지 못했다고 해도 가장 신실한 그리스도 신봉자였는지 모른다. 그녀는 자신의 사회주의와 신념, 희망 그리고 이상의 기초를 결코 개미집식 필요 관념이 아니라 인간의 도덕적 감정, 인류의 정신적 갈망과 완성과 순결에 대한 희구에 두었다. 그녀는 인간의 인격을 절대적으로 믿고(그것의 불멸성까지도), 전 생애에 그 관념을 자신의 모든 작품 속에서 드높이고 확대했다. 그리고 그것으로 그리스도교의 가장 근본적인 사상의 하나, 즉 인격과 그 자유(따라서 그 책임과 함께)를 사상적으로, 감정적으로 인식하고 일치시켰다. 여기서 또한 의무의 자각도, 그것에 대한 엄격한 도덕적 요구도, 인간의 책임에 대한 완전한 인식도 생겨났다. 그리고 아마 그녀의 시대에 프랑스에는 '인간은 빵만으로 살 수 없다'라는 것을 그토록 강력하게 이해하고 있었던 사상가나 작가는 없었을 것이다. 그녀의 요구와 항의의 오만함에 대해서 다시 한 번 말하자면, 그 오만함은 결코 자비와, 모욕의 용서와 나아가서 그 모욕을 준 사람에 대한 동정에 기초한 무한한 인내까지도 결코 배제하지 않는다. 오히려 조르주 상드는 자신의 작품 속에서 여러 번 이러한 진리의 아름다움을 매혹적으로 묘사하고, 가장 진지한 용서와 사랑을 실천하는 전형을 구현해 내고 있다. 그녀에 대해 쓴 글들을 보면, 그녀는 삶이 끝날 때까지 이웃 농민의 친구로서 일하고, 친구들에게 무한한 사랑을 받으며, 훌륭한 어머니로 살아갔다. 그녀는 부분적으로 자신의 귀족 출신 성분을 존중하려는 경향이 있었던 것 같다(그녀의 외가는 삭소니아 왕가 가문이다).[34] 그러나 만일 그녀가 인간 사회 속에 귀족

34) 조르주 상드의 어머니는 평민이고, 부계의 할머니가 모리츠 삭소

주의를 존중했다면, 이것을 단지 인간 정신의 완성을 위한 기초로 삼은 것이었다고 확언할 수 있다. 그녀는 위대한 것을 사랑하지 않을 수 없었으며, 비천한 것과 타협하거나 이상을 양보할 수는 없었다. 바로 이런 의미에서 그녀는 너무 오만했는지도 모른다. 사실 그녀는 자신의 소설에, 위대한 기독교인 디킨스의 모든 소설에 항상 등장하는 인물들 같은, 겸손하고 정의롭기는 하지만 타협하는 종교적 기인 또는 학대받은 인물들 같이 유약한 인물을 등장시키는 것을 좋아하지 않았다. 도리어 그녀의 여주인공들은 높은 긍지를 가진, 바로 여왕처럼 떠받들어졌다. 그녀는 그것을 즐겼으며 이 특징은 그녀의 독창성으로 인정해야 한다.

《작가의 일기》 1876년 6월호

니아 공작의 사생아이므로 도스토옙스키의 착오다.

국외여행, 기차에서 만난 러시아인들에 대한 몇 마디

독자와 대화를 나눈 지도 벌써 두 달이 지났다. 6월호를 넘기자마자-이것으로 이 출판이 반년을 넘겼다-나는 곧바로 기차를 타고 엠스[35]로 향했다. 이 여행은 휴식을 위해서가 아니라 다른 사람들이 엠스로 가는 것과 같은 목적에서였다. 물론 그것은 너무나 개인적이고 사적인 일임이 틀림없다. 그러나 사실 나의 《일기》는 대중을 위해서 뿐만 아니라 나 자신을 위해서도 쓰는 것이다(바로 이 때문에 그 속에는 가끔 거칠거나 엉뚱한 대목이 있을 것이다. 그것은 내 머릿속에서 오랫동안 다듬어 온 것으로 나 자신에겐 꽤 친숙한 생각들이지만, 독자들에겐 앞의 개념들과 전혀 관련 없이 어디선가 불쑥 튀어나온 것 같이 보일 수도 있다). 그런 만큼 이 《일기》 속에서 외국 여행기를 뺄 이유가 어디 있겠는가? 물론 마음대로 할 수 있다면, 러시아의 남쪽 어느 지방에라도 갔어야 하는데….

35) 엠스(Ems) : 독일의 유명 온천 휴양지.

예로부터 풍요로운 그곳에,
소소하고 가벼운 노동에도,
기름진 들판이 있어,
농부는 열매를 한 아름 얻는 곳.
끝이 보이지 않는 넓은 풀밭에,
풀잎은 물결 되어 파도치는데,
길들이지 않은 암말들이
떼 지어 당당하게 어슬렁거리고.

그러나 안타깝다. 그곳도 이제는 시인이 꿈꾸었던 곳과는 너무 다른 모습으로 변한 것 같다. 농부의 '소소한 노동'은 고사하고 중노동에도 '한 아름의' 수확을 얻지 못하고 있다. 암말들에 대한 묘사도 이제는 그 어조를 훨씬 낮춰야만 한다.

(…)

상트페테르부르크에서 베를린까지의 여정은 꽤 길었다. 거의 48시간이 걸렸다. 그래서 만일을 대비해 두 권의 팸플릿과 몇 가지 신문을 가져갔다. 정말 '만일의 경우'를 대비해서였다. 그것은 나는 항상 낯선 러시아의 우리 지식인 계층 무리 속에 끼는 것을 두려워했기 때문이다. 이것은 기차든 배든 혹은 무슨 모임이든 어느 곳에서나 마찬가지다. 고백하건대 이것은 내 약점이며 무엇보다 내가 의심이 많기 때문이다. 외국에선 항상 외국인들 속에 있는 것이 편하다. 그 속에서는 모두 자신의 목적지를 향해 똑바로 걸어갈 뿐이다. 그런데 우리 러시아인들은 걸으면서 '남들이 나에 대해 무슨 말을 할까?' 하며 여기저기 눈을 돌려 살핀다. 그러나 겉모습은 단호하고 꿋꿋하다. 그러면서 속으론 누구보다 더 비틀거리며 자신이 없다. 낯선 러시아인이 만약 당신에게 말을 건다면, 아주 신뢰감 넘치고 예의 바르게 대할 것이다. 그러나 몇 마디 나누다 보면 점차 깊은 불신과 깊이 숨겨진 의심 때문에 마음이 초조해짐을 느낄 수 있다. 곧 그는 그 모든 '교양'에도 불구하고, 더 중요한 것은 무심결에 그리고 별다른 이유 없이 비꼬는 말투로 변하고, 때로는 난폭한 말을 입 밖에 내뱉는다. 모든 사람들은 흔히 자신이 보잘것없다는 것으로 누군가에게 복수라도 하고 싶은 태도를 보이기도 한다. 실제로는 자신이 전혀 그렇게 보잘것없는 사람이 아니거나, 오히려 그 반대인데도 그렇다. "남이 나에 대해 무슨 말을 하든 왜 내가 신경 쓰나?" 또는 "나는 세상 여론에 전혀 개의치 않겠어"라는 말을 러시아인보다 더 자주 반복하는 사람은 없다. 그런데 분명히 러시아인보다 더(다시 말하면 문명인의 경우) 세상 여론을 겁내고 남의 말과 생각에 큰 관심을 가진 사람들도 없다. 이 현상은 주로 끝없이 생겨나는 자만심과 허영심, 그리고 마음 깊이 내재된 자기 모멸감에서 비롯된다. 이 모순된 두 감정은 '거의' 모든 러시아 지식인에게 내재해 있으며, 이것이 누구보다 우선 자신을 못 견디게 한다. 그래서 그들 모두는 '마음속에 지옥'을 지니고 있다. 특히 견딜 수 없는 것은 외국에서 낯선 러시아인을 만나는 것이다. 예를 들어 같은 찻간에라도 갇혀서 얼굴을 마주한 채 도저히 도망칠 길이 없는 경우야말로 참으로 고통스럽기 짝이 없다. 그렇지만 흔히 '외국에서 고국 사람을 만나는 것은 참으로 반가운 일임'에 틀림없다. 대화는 으레 그런 말로 시작된다. 당신이 러시아 사람이란 것을 알면 상대 동포는 이렇게 말할 것이다. "러시아 사람인가요? 외국에서 고국 사람을 만나니 얼마나 기쁜지 모르겠네요. 나 역시, 이곳에서…." 그리고 곧 허물없는 대화가 시작되어 낯선 외국에서 만나 서로 감싸려는 듯, 때로는 형제애가 담긴 말투가 오고 갈 것이다. 그러나 그 말투를 믿어서는 안 된다. 상대방이 비록 미소를 지을지라도 속으론 당신을 의심하는 것이 틀림없다. 흔히 그의 눈길에서 가벼운 입놀림에서, 점잖은 억양에서도 눈치 챌 수 있다. 그는 이미 당신을 가늠하고 당신을 두려워한다. 결국 거짓말할 준비가 된 것이다. 당신을 의심하는 눈초리로 보고, 바로 당신이 러시아인이기 때문에 거짓말하지 않고는 못 배긴다. 그는 분명히 당신이 러시아인이기 때문에 어쨌든 자신과 비교하지 않을 수 없다. 또한 주의할 점은, 늘 또는 적어도 흔히 외국에서 처음 만나는 러시아인은(주로 외국에서, 거의 예외 없이) 만난 사람이 어떻다든가, 어떤 사람이 무슨 말을 했다든가 하는 말을 중간 중간에 하려고 서두른다. 더구나 그 사람이 유명하거나 훌륭한 사람임에도 자기뿐만 아니라 당신의 친구이기도 하다는 듯 친근한 말투가 될 수도 있다.

"물론 당신도 아시겠지만, 그 불쌍한 친구는 이곳저곳 좋은 의사를 찾아 헤매다가 온천에라도 가라는 말을 의사에게 듣고 말았지요. 그 친구가 왜 그렇게 불행해졌는지 모르겠어요. 당신도 그를 아시지요?"

이때 만약 당신이 전혀 모른다고 대답하면, 그는 무언가 모욕을 받았다고 착각하고 '말하자면 내가 유명한 사람과 아는 사이라며 당신에게 자랑을 늘어놓는다고 여긴다는 거지?'라고 생각할 수 있다. 당신은 곧 그에게서 그런 의심의 눈길을 발견할 것이다. 실제로 그럴 수도 있다. 반면에 만일 당신이 그 인물을 알고 있다고 대답하면, 그는 더욱 모욕을 느낄 것이다. 이 경우는 나도 이유를 모른다. 한마디로 두 사람 사이에 불성실함과 반감이 증대되고, 결국 갑자기 대화가 끊기고 침묵하게 될 것이다. 당신의 동포는 갑자기 등을 돌릴 것이다. 그는 당신이 아니라 맞은편에 있는 어떤 독일인 제빵 기술자하고 이야기를 계속하려 할 것이다. 그리고 특히 당신이 이를 눈치 채도록 하려고 노력할 것이다. 그렇게 친밀하게 말을 걸던 사람이 이제는 당신과 모든 관계와 교제를 끊고 거칠게 무시하는 태도를 보일 것이다. 밤이 되고 앞에 빈자리가 생기면 쿠션 위로 몸을 펴고 발을 뻗어 당신에게 거의 닿을 정도로 누워버릴 것이다. 어쩌면 일부러 자기 발을 당신에게 닿게 할지도 모른다. 그리고 여행이 끝나면, 찻간을 나가며 당신에게 머리조차 끄떡여 보이지도 않는다. '도대체 왜 저렇게 화가 났을까?' 하고 당신은 씁쓸하고 꽤 당황스러울 것이다.

가장 좋은 경우는 러시아 장군들을 만나는 것이다. 외유 중인 러시아 장군들은 흔히, 다른 러시아인과 마주치면 무엇보다 누가 '우리는 외국에 나와 있으니 모두가 평등하다'라는 생각으로 그의 계급을 무시하며 말을 걸까 봐 노심초사한다. 이 때문에 여행 초반부터 그는 엄격하고 대리석처럼 차가운 침묵으로 일관한다. 이로써 누구도 방해하지 않고, 결국 그것이 더 좋다. 그런데 외국에 나오는 어떤 러시아 장군은 때로 민간복을 입기도 한다. 그 옷은 페테르부르크의 가장 유명한 양복점에서 맞춘 것이며, 그가 유럽 전역에서 온 아름다운 부인들이 많이 드나드는 온천장에 도착하면, 그것을 입고 뽐내기를 즐긴다. 그리고 시즌이 끝날 때쯤이면 특별한 만족감을 느끼며 이 민간복 차림으로 사진을 찍고, 이것을 페테르부르크의 아는 사람들에게 선물로 주고 충실한 부하에게는 이 선물로 기쁨을 주려고 한다. 그러나 어쨌든 들고 간 책 또는 신문은 여행 중, 특히 러시아인들로부터 자신을 방어하는 데 큰 도움을 준다. 즉 '나는 독서 중입니다. 나를 방해하지 마세요'라는 식이다.

《작가의 일기》 1876년 7~8월호

땅과 아이들

"땅이 모든 것입니다" 하며 나의 역설가는 말을 계속했다. "나는 아이들을 땅에서 분리해 경계 지을 수 없습니다. 이러한 나의 결론은 내 마음속에서 저절로 형성됩니다. 그러나 나는 이것을 당신 앞에 전개하고 싶지 않습니다. 당신이 조금만 생각해 보시면 당신도 아시게 됩니다. 문제는 모든 것이 경작의 오류에서 비롯된다는 점입니다. 심지어 다른 모든 것도, 즉 모든 인간의 다른 불행도 모두 아마 경작의 오류에서 초래된 결과일 것입니다. 수백만의 극빈자가 땅을 갖지 못하고 있으며, 특히 땅이 너무 적은 프랑스에서는 더욱 그렇습니다. 그래서 그들은 아이를 낳을 곳이 없으며, 그 결과 할 수 없이 지하실에서 낳아야만 합니다. 그들은 이미 아이가 아니라 가브로슈[36]며, 그들의 절반은 자기 아버지의 이름을 모르고, 나머지도 어머니의 이름조차 모르는 아이들입니다. 이것은 한 극단의 경우이고, 다른 극단, 즉 최상위에서는 다른 경작의 오류가

---

36) 가브로슈 : 위고의 《레미제라블》의 주인공. 주로 건방지거나 용감하고 의협심에 넘친 파리의 부랑아를 지칭.

작용하고 있습니다. 그것은 골[37]의 정복자 클로비스 시대로 거슬러 올라갑니다. 그들은 각자 너무 넓은 땅을 소유했으며, 횡령이 심하고 불균형적이었습니다. 그들은 땅을 강하게 움켜쥐고 조금의 양보도 하지 않았습니다. 그 결과 여기저기서 비정상적인 상황이 전개되고 있습니다. 그래서 무슨 일이든 일어나야 했고 어떤 변화가 있어야 합니다. 모든 사람이 땅을 소유해야 하고 아이들은 아스팔트가 아닌 땅 위에서 태어나야 하기 때문입니다. 어떤 방식으로 수정해야 하는지 나는 정말 모릅니다. 다만 내가 아는 것은 그곳에서는 어디에도 아이를 낳을 곳이 없다는 것입니다. 내 의견으로는 공장에서 일하는 것은 옳습니다. 공장도 역시 합법적이며, 그것은 언제나 이미 경작된 땅 옆에 생겨납니다. 그것이 또한 땅의 법칙입니다. 그러나 공장 노동자는 누구나 알아야 할 사실이 있습니다. 그것은 어딘가에는 금빛 태양 아래 '농장'이 있고, 그리고 자신의 '농장'이, 더 정확히 말하면 공동의, 더 정확히 말하자면 마을 공유의 '농장'이 있고, 그 '농장'에는 아스팔트 태생이 아닌 정말 훌륭한 여인인 아내가 그를 사랑하고 또 기다려주고 있다는 사실입니다. 그의 아내 옆에는 그의 아이들

37) 골 : 갈리아(Gallia)로 불렸던 서유럽의 로마 제국 영토.

이 말타기를 하고, 아이들은 모두 자신의 아버지를 알지요. 뭐니 뭐니 해도, 바르고 건강한 아이라면 작은 말과 함께 태어나며, 모든 건실한 아버지는, 만일 행복해지고 싶다면, 그것을 알아야 합니다. 그렇게 해서 그는 공장에서 번 돈을 가지고 그곳으로 돌아가는 것이며, 아스팔트 도로 위에서 발견한 창녀와 선술집에서 마셔버려서는 안 됩니다. 그리고 비록 이 '농장'이 궁극적으로(예를 들면 국토가 좁은 프랑스 같은 나라에서) 본인과 그의 가족을 충분히 먹여 살릴 수 없고 결국 공장이 없이는 살 수가 없는 경우에도, 최소한 그는 그곳에서 자기 아이들이 땅과 나무들과 그들이 잡은 메추라기들과 어울리며 자란다는 것을, 그리고 그곳 학교에서 공부한다는 것과, 그 학교는 벌판 한가운데에 있다는 것, 또 자기 자신도 평생을 일한 후 결국 그곳으로 돌아가 쉬고, 그곳에서 죽을 것임을 알아야 합니다. 그리고 누구도 알 수 없지만, 어쩌면 그 농장에서 충분히 살림을 가능케 하고, 게다가 공장 또한 그것을 '농장' 복판에도 세울 수가 있을 경우에 그것을 두려워할 필요가 없을지도 모릅니다. 간단히 말해 그러한 것이 모두 어떻게 실현될지는 나도 모르지만 그것은 틀림없이 이루어질 것입니다. 내 말을 기억하십시오. 그것은 백 년이 지난 뒤에라도 결국 이루어질 것입니다. 그리고 그때에, 내가 당신에게 엠스에서, 인공의 '농장'들과 인공적인 인간들 사이에서, 이 말들을 했다는 것을 상기해 주십시오. 인간은 '농장'에서 갱생하고 '농장'에 의해서 회복된다는 것은 공식입니다. 그 과정이 어떠했는지 보십시오. 처음에 성이 있었고, 그 옆에 토굴이 있었지요. 성에는 귀족들이 살았고, 토굴에는 신하들이 살았지요. 그다음에 부르주아 계층이 담장이 쳐진 도시에서 서서히, 미미하게 일어나기 시작했습니다. 이 사이에 성의 시대가 물러나고 왕이 사는 수도가 생겨났고, 이후 왕궁과 궁중 호텔이 있는 대도시가 들어서기 시작하고 결국 이 시대에까지 이르게 되었습니다. 금세기에 와서 무서운 혁명이 일어나고 부르주아가 승리를 거두었습니다. 그리고 그들 부르주아와 함께 꿈에서도 볼 수 없는 기괴한 도시들이 생겨났습니다. 19세기에 생겨난 이런 도시들은 그 이전까지는 인류가 한 번도 보지 못하던 것이었습니다. 이들 도시에는 수정궁[38]에, 세계적 전시회, 세계적 호텔, 은행, 예산, 오염된 하천, 기차역, 갖

38) 작가는 영국 런던에서 1851년과 1862년 열렸던 런던 세계 박람회장 건물 수정궁(Crystal Palace)을 보고 충격을 받았다. 그의 《지하생활자의 수기》에서 진술하는 바와 같이 그것은 도스토옙스키에게는, 사회주의 유토피아 이상이나 이성의 승리가 아니고 다만 비인간화와 몰개성의 상징이었다.

가지 연합회가 들어서고, 그 주위에는 크고 작은 공장들이 서 있습니다. 사람들은 이제 제3의 단계를 기다리고 있습니다. 그때 부르주아 시대가 끝나고 '갱생한 인류'가 나타날 것입니다. 이들은 공동체 간에 토지를 분할하고 '농장'에서 살기 시작할 것입니다. '농장'에서 갱생하고 '농장'에 의해서 회복될 것입니다. 성과 도시, 그리고 '농장'이 함께할 것입니다. 당신이 만일 나의 모든 사상을 일거에 원하신다면, 사람의 아이들은 아스팔트가 아닌 대지 위에서 태어나야 한다는 것입니다. 이후에 아스팔트 위에 사는 것은 상관없지만, 국민 대다수는 곡식과 나무가 자라나는 땅 위에서, 즉 토지 위에서 태어나고 싹이 터야 합니다.[39] 그러나 현대 유럽의 프롤레타리아들은 지금 모두 아스팔트족일 뿐입니다. '농장'에서라면 아이들은 '아담'처럼 땅에서 솟구쳐 튀어오를 것입니다. 그렇게 한창 놀고 싶은 아홉 살에 공장에 보내지진 않습니다. 기계 위에 몸을 굽혀 등뼈가 휘고, 부르주아가 숭배하는 저 열악한 기계 앞에서 마음이 둔하게 되고, 끝없이 이어지는 줄지은 가스 등불 앞에서 상상력이 마모되고, '소돔'을 능가하는 공장의 음란함으로 도덕성이 무너지지 않아도 될 것입니다. 그들은

39) 도스토옙스키는 토지(내시)주의자로 불리기도 했다.

열 살쯤 되는 사내아이와 계집아이들입니다. 그렇다면 어디가 좋은 곳이냐고요? 바로 그곳은 우리 러시아일 것입니다. 그곳에는 땅은 그렇게 많고 공장은 아직 농담이며, 도시는 말하자면, 하급 관리 세 명이 담당하는 정도의 작은 도시니까요. 만일 내가 어디서 미래의 맹아나 사상을 발견하고자 한다면 그것은 우리 러시아에서입니다. 그 이유는 우리는 오늘날까지도 민중 사이에 하나의 원칙이 유지되기 때문입니다. 그것은 민중에게는 땅이 모든 것이며, 민중은 모든 것을 땅속에서, 그리고 그 땅 위에서 얻어낸다는 것이고, 더구나 그것이 대다수의 민중 사이에서 인정되고 있기 때문입니다. 그러나 중요한 것은 바로 이것이 인간의 정상적인 법칙입니다. 땅속에는, 토지 속에는 뭔가 신성한 것이 있습니다. 만일 인류를 보다 나은 상태로 갱생시키려면, 거의 야수 상태를 인간으로 만들려고 생각한다면 그들에게 토지를 나누어주십시오. 그렇게 하면 목적을 이룰 것입니다. 적어도 우리나라에는 땅과 아주 열악한 형태지만 마을 공동체가 있으니까요. 열악한 것은 인정하지만 그것은 미래의 사상을 위해서 큰 낟알이며, 여기에 속임수가 있습니다. 내 생각에 질서는 땅속에 있고 땅속에서 생겨나며, 그것은 어디에나, 그리고 모든 인간들 속에 있습니다. 모든 나라의 온갖 질서, 즉 정치적, 시민적, 기타 모든 질서는 언제나 그 나라의 토지 자체와 그 농지 소유 방식과 관련되어 있습니다. 농지 소유가 어떤 특질로 이루어졌는가에 따라 그 밖의 모든 것도 그 특질에 의해 구성되는 것입니다. 만일 우리 러시아의 현재 어딘가 가장 무질서한 현상이 횡행한다면, 그것은 토지 소유의 국면과 소유자와 농부들 간의 관계와 농부들 간의 관계 속에, 또한 토지 경작의 특질 자체 내에 있는 것입니다. 이 모든 것이 아직 정착되지 않은 만큼 다른 모든 면에서도 확고한 체제를 기대해서는 안 됩니다. 다만, 나는 그 누구도 그 무엇도 탓하지 않겠습니다. 그것은 전 세계의 역사이며, 이것은 우리도 이해하고 있지요. 내 생각엔 우리는 토지의 동의 덕분에 그처럼 싼값에 농노제로부터 풀려날 수가 있었던 겁니다. 나는 바로 이 동의라는 것을 위해 그 밖의 모든 것을 걸고자 합니다. 이 동의야말로 지금까지 포투긴 일당이 부정하는 우리나라의 민중적 근본의 하나입니다. 자, 그런데 이 모든 우리나라의 철도, 이 모든 우리의 새로운 은행, 연합회, 신용—이러한 모든 것은 내 생각엔 아직 거품일 뿐입니다. 우리의 철도에 대해 내가 인정하고자 하는 것은 전략적 의의뿐입니다. 이런 것은 모두 토지 문제가 정착된 다음에야 생겨나야 하고, 그때에야 비로소 자연스럽게 생겨날 것이었다. 그런데 작금에 그것은 단지 주식 시장의 장난일 뿐이며, 유대인의 외침일 뿐입니다. 당신은 웃고 계시는군요. 당신은 동의하지 않으시는군요. 그래도 상관없습니다. 그건 그렇고 최근에 나는 금세기 중엽에 어느 러시아 지주가 쓴 수기를 읽었는데, 그는 이미 1820년대에 자기 소유 농노의 해방을 결심한 사람이었습니다. 당시에 그런 일은 희귀한 이야기였습니다. 어쨌든 그 지주는 그의 시골 마을에 가서 학교를 열고 농부들의 아이들에게 교회 합창을 가르치기 시작했습니다. 어느 날 이웃 지주가 그를 방문해 이 합창을 듣고는 '당신은 참 좋은 생각을 하셨군요. 지금 당신이 이렇게 가르쳐놓으면 아마 이 합창단 전체를 사겠다는 사람을 만나실 것입니다. 이런 것을 좋아하는 사람들이 있고, 당신에게 합창단 값으로 많은 돈을 내놓을 것입니다'라고 말했습니다. 즉 그때는 아직 나이 어린 합창단 아이들을 부모로부터 떼어서 '내다 팔' 수 있었던 시대였으니, 농민을 해방한다는 것은 러시아 땅에서는 불가해하고 진귀한 일이었던 것이지요. 자, 드디어 그 지주가 이 진귀한 이야기를 농민들에게 꺼냈습니다. 농민들은 가만히 듣고, 놀라고 혼란스러워하다가 오랫동안 자기네끼리 상의하더니, 이윽고 그에게 다가와 '그러면 땅은 어떻게 됩니까?' 하고 묻는 것이었습니다. '땅은 내 것이지. 너희들은 농가와 건물 부지를 갖고, 땅은 너희가 해마다 나를 위해 갈아주고 수확은 나와 절반씩 나누기로 하자.' 그러자 농부들은 머리를 긁으며 '아닙니다. 예전처럼 그대로가 낫겠습니다. 우리는 당신 것이지만 땅은 저희 것이니까요' 하고 나온 겁니다. 물론 이 말에 지주는 깜짝 놀랐습니다. '말하자면 참, 야만스러운 백성이군. 정신적으로 타락해서 자유를, 인간의 최고 행복이자 모든 것인 자유를 원하지 않네' 하고 생각했습니다. 그 뒤로 '우리는 당신의 것이지만 땅은 우리의 것'이라는 말이, 아니 더 정확히 말해서 그 공식이 세상에 널리 알려져서 이제는 누구도 놀라지 않을 정도가 되었지요. 그러나 무엇보다도 중요한 것은, 만약 그것을 유럽과 비교라도 한다면 그토록 '부자연스럽고 그 무엇과도 비슷하지 않은' 세계사에 대한 개념이 도대체 어디에서 생겨난 것이냐는 것입니다. 그리고 주의해 주시기를 바라는 것은, 우리의 식자들 사이에서 마침 그 무렵에 '러시아에는 정말 우리 지식인들의 관심을 끌 수 있는 그런 민중들의 원칙이 있는가?'라는 문제에 대해 격렬한 논쟁이 벌어졌다는 점입니다. 아니, 제가 말씀드리자면, 결국 러시아인은 태초 이래, 그리고 언제나 땅이 없는 자신을 결코 생각할 수가 없었던 것입니다. 그런데 지금 가장 놀라운 점은 농노 해방 이후에도 민중은 대부분 그 공식의 본질을 간직해 왔으며, 그들 대부분은 여전히 땅이 없는 자신을 생각할 수가 없다는 것입니다. 이제 그들이 땅이 없는 자유를 받아들이기를 원치 않았다면, 그것은 분명히 토지가 그들에게 무엇보다 우선하는 것이며, 모든 것의 바탕인 것을 의미하는 것입니다. 토지가 모든 것이며, 그 밖의 일체가, 즉 자유도, 생활도, 명예도, 가정도, 아이들도, 질서도, 교회도—한마디로 말해 모든 귀중한 것은—모두 땅에서 나오는 것입니다. 바로 이 공식에 의해 그들은 옵시나 같은 것도 유지해 왔던 것입니다. 그런데 '옵시나'란 무엇입니까? 그것은 때로는 농노제보다 더 가혹한 것이었지요! 이 공동체의 토지 소유 제도에 대해서는 모두가 이리저리 논의했으며, 경제적인 발전 면에서만 보더라도 그것이 얼마나 걸림돌로 작용했는지는 사람들이 다 아는 진실입니다. 그렇지만 그것 속에는 무언가 새롭고, 더 나은, 이상적인 미래의 씨앗이 내재해 있는 것이 아닌지요? 그것은 모든 사람을 기다려주고, 앞으로 어떻게 생겨날지는 그 누구도 모르지만, 오직 우리만이 그 배아를 간직하고, 전쟁이나 반란에 의해서가 아니라 또다시 위대한 전체적 동의에 의해서, 더구나 그 동의를 위해서 지금도 위대한 희생을 치르는 우리 러시아에서만 실현될 수 있는 것 말입니다. 또한 그렇게 어린아이들은 '농장'에서 태어날 것이고 바르게 자라날 것입니다. 그리하여 열 살쯤 되는 소녀들이 남자 직공들과 어울려 선술집을 돌아다니며 싸구려 술을 마시는 일은 더는 없을 것입니다. 어르신, 오늘날은 아이들이 자라나기가 정말 어려운 세상이군요! 저는 단지 아이들에 대해서만 말씀드리려 했던 것이 그만 당신까지 너무 힘들게 해드렸습니다. 그러나 어린아이들은 정녕 미래이고, 그래서 미래만을 사랑한다는 것이지요. 그러면 바로 현재에 대해서는 과연 누가 후에 걱정하게 되지요? 물론 나는 아니고, 아마 당신도 아니겠지요. 이 때문에 아이들을 무엇보다 더 사랑하게 됩니다."

《작가의 일기》 1876년 7~8월호

어떤 돼지에 대한 크릴로프의 오래된 우화

이 모든 것을 완전히 마치려고 나는, 크릴로프 이전까지도, 혹은 번잡하고 혼란한 우리 시대에 너무 오래되어서 아마도 잊힌 듯한 크릴로프의 매우 훌륭한 작은 우화 하나를 인용해야 할까? 이 이야기는 내가 재정과 본질의 개선에 대한 논평을 쓰려고 할 때 우연히 떠올랐다. 크릴로프의 이 이야기는 매우 아름다운 교훈을 가지고 있고, 다른 테마, 즉 다른 본질에 대한 테마에서도 그렇다. 어쨌든 이 이야기는 우리에게 시의적절하다. 다음은 그 우화다.

오래된 참나무 밑에 돼지 한 마리가 도토리를 배부르게 먹고 나서, 그 밑에서 푹 잤다. 그 후, 눈을 뜨고 일어나 주둥이로 참나무 뿌리를 파헤쳤다.

"이건 나무를 훼손하는 거잖아." 참나무 위에서 까마귀가 돼지에게 말했다. "뿌리가 파헤쳐진다면, 나무가 말라 죽을 수도 있어."

"마르라지." 돼지가 말했다.

"나는 아무 상관없어. 나에겐 아무런 이해관계가 없어. 비록 영원히 없어지더라도 조금도 걱정되지 않아. 다만 도토리만 있다면, 틀림없이 난 그것으로 살찔 거야."

"은혜도 모르는 녀석!" 참나무가 그 순간 거들었다. "네가 주둥이를 위로 쳐들어 올려볼 수 있다면, 그 도토리가 나에게서 자라는 게 보일 것이건만."

좋은 이야기 아닌가? 과연 우리가 군상을 닮아감에 동의하게 되는 것이 놀랍지 않은가?

《작가의 일기》 1881년 1월호

게오크테페, 우리에게 아시아는 무엇인가?

게오크테페[40]가 함락되고, 투르크멘인들이 분쇄되었고, 아직 완전히 굴복하지는 않았지만 우리의 승리는 의심의 여지가 없다. 온갖 여론과 언론에서 굉장히 기뻐했다. 실로 이전 여론에서는, 그리고 언론에서도 어느 정도는 이 일에 대해 꽤 무관심한 태도를 보였다. 로마킨 장군의 실패 이후, 그리고 두 번째 공세에 대한 준비 초반에는 특히나 더했다. "무엇 때문에 우리가 그곳으로 진격하는가. 우리는 무엇을 아시아에서 얻었으며, 우리가 기아와 질병, 그리고 학교도 세우지 못하는 이 시기에 왜 그 많은 돈을 소비했는가." 그렇다. 이런 의견들이 퍼져나갔고, 우리에게도 그것들이 들려왔다. 이런 의견들이 전부는 아니었다. 오, 더구나 최근 아시아에서의 우리의 진격 정책에 대해 최근 점차 많은 이들이 적의를 품게 되었음을 더욱 자인해야 할 필요가 있다. 정말이지 착수된 원정에 관해서 잘 알려지지 않았던 점도 여기에선 쓸모가 있었던 것이

40) 게오크테페 : 투르크메니스탄에 있는 투르크멘족의 옛 요새. 1880년 12월 러시아의 공격을 받았다.

다. 가장 최근에야 외국 신문들로부터 우리에게 소식들이 전해오기 시작했으며, 이제야 전 러시아에 스코벨레프 장군[41]의 전보들이 퍼졌다. 그럼에도 어떤 경우에도 우리 사회가 아시아에서의 우리의 사명에 대해 명확하게 인식하게 되었다거나, 아시아가 앞으로 어떤 가치를 지닐 수 있는가를 각인하게 됐다고는 단정 짓기 어렵다. 그렇다, 시베리아를 포함한 러시아의 아시아는 우리의 유럽 러시아가 전혀 흥미를 갖지 않기를 원하는 듯한 그 어떤 부차적인 형태로 러시아 속에 존재하는 것처럼 보인다. "우리, 이른바 유럽인인 우리가 아시아에서 무엇을 한다는 말인가?" 매우 격한 의견들도 나타났다. "이 우리의 아시아. 우리는 유럽에서조차 질서를 구축할 수도 안정될 수도 없는데, 우리에게 아시아는 다만 골칫거리다. 아시아가 어디로 가든지, 우리에게 아시아는 완전히 잉여의 것이다!" 이러한 판단이 우리의 지식인과 지체 높은 현자들의 견해로 계속 나와서 퍼지고 있음도 물론이다.

스코벨레프 장군의 승리와 함께 전 아시아에, 아시아의 마지막 변방까지 소란한 소문이 퍼지고 있다. "자, 또

41) 미하일 드미트리예비치 스코벨레프(1843~1882) : 1877~1878년 러시아와 터키 전쟁에 참전한 영웅. 6000명의 러시아군을 지휘해 게오크테페를 공격했다. 중앙아시아 정복에 공을 세웠다.

하나의 흉포하고, 도도한, 신앙심 강한 민족이 러시아 황제에게 무릎을 꿇었다." 소란한 소문이 퍼지게 둬라. 이 수백만의 민족들 속에서, 인도에 이르기까지, 인도 내에서조차 아마도 러시아 황제의 무소불위, 그의 검의 무적함에 대한 믿음이 성장할 것이다. 그러나 로마킨 장군의 실패 이후 아마도, 확실하게, 우리의 무력에 대한 의구심이 전 아시아로 퍼졌을 것이고, 러시아의 패권이 아마도 어느 정도 동요됐을 것이다. 이것이 우리가 이 길 위에 멈춰 서 있을 수 없는 이유다. 이 민족들에게 자신들의 칸이나 군주들이 존재할 수 있으며, 그들의 이성과 상상 속에서 영국은—그 힘에 놀라—위협적 존재로 군림할 수 있다. 하지만 러시아 황제의 이름은 칸보다도, 군주들보다도, 인도 여제보다도, 바로 그 칼리프의 이름보다 더 높이 군림해야 한다. 칼리프도 있을 수 있지만, 러시아 황제는 이제 칼리프 위의 황제인 것이다. 이러한 믿음이 더더욱 입증될 필요가 있다! 그리고 이것은 매년 입증·강화되고 있으며, 그 믿음은 우리에게 필수불가결하고 또한 이것은 앞으로 계속 그들에게 각인될 것이다.

무엇 때문에, 그리고 어떤 미래를 향한 것인가? 장래에 어떠한 필요성이 아시아를 지배하게 하는 것인가? 거기서 우리는 무엇을 해야 하나?

그 필연성은 러시아는 유럽 일부분일 뿐 아니라 아시아에 있기도 하기 때문이다. 그래서 러시아인은 유럽인이자 아시아인이다. 그것뿐 아니라 아마도 유럽에서보다 아시아에서 우리의 희망이 더 클 것이고, 또한 미래의 우리 운명 속에서 아마도 아시아는 바로 우리의 궁극적 지표가 될 것이다.

나는 내 보수적 추측에 대해 다른 사람들이 갖는 격분을 예감하고 있다(그러나 이것은 내겐 자명한 이치다). 그렇다. 만약 우리가 개선해야 할 필요가 있는 중요한 본질 중 한 가지를 댄다면, 그것은 바로 아시아를 향한 우리의 시각이다. 유럽에서 우리를 아시아 야만인으로 부르고, 우리가 유럽인이기보다는 오히려 아시아인이라는 것에 대한 노예적 공포를 극복해야 한다. 유럽이 우리를 아시아인이라고 생각하는 것에 대한 이 수치심은 거의 200년간 우리를 늘 따라다녔다. 하지만 특히 이 수치심은 오늘날 19세기에 우리 속에서 강화되고, 어떠한 공황 상태까지 이르렀고, 모스크바 상인들의 '강철 같은' 강인한 의식에까지 다다랐다. 잘못된 우리의 이 수치심과 자신에 대한 잘못된 시선은 결코 아시아인들을 향한 것이 아니라 오직 유럽인들을 향한 것이다(우리는 그런 상태로 계속 살아왔다). 이 수치심과 잘못된 시선은 우리에게 200년간 큰 대가를 치르게 했다. 우리는 그 때문에 정신적 독립성을 상실했고, 우리의 실패한 유럽식 정치, 그리고 우리가 아시아인이 아닌, 분명한 유럽인임을 증명하기 위해 소비된, 신만이 알 수 있는 금전적 손실은 엄청난 것이었다. 유럽으로 우리를 밀어 넣은 표트르의 충격 요법은 처음에는 필수불가결하고 유익했으나 지나치게 강했으며, 그 결과 어느 정도 우리의 잘못이 상쇄된 것이다. 그리고 우리는 유럽이 우리를 타타르가 아닌 온전한 유럽인으로, 자기편으로 인정하도록 하기 위해 온갖 짓을 다해왔다. 우리는 유럽에게 계속해서 구걸했으며, 그들의 온갖 일에 참여해 보려 했다. 우리는 때로 유럽을 힘으로 위협했고, 그곳으로 '황실 구제' 군대를 보내기도 했으나, 다시 그 앞에 필요치 않은 짓을 했다는 듯 무릎 꿇고, 우리는 다만 유럽에 봉사하고 유럽을 행복하게 만들려고 장소된 것이라고 그들을 확신시켰다. 1812년에 나폴레옹을 쫓아내면서, 우리는 소수 통찰력 있는 러시아 사람들이 조언하고 또한 원했던 바대로 그들과 화해하지 않았다. 오히려 약탈자로부터 유럽을 해방시켜 그들을 행복하게 하려고 모든 방면으로 움직였다. 당연히, 분명한 상황이 전개되었다. 한편으로는 폭군과 약탈자가 나타났으며, 다른 한편으로는 평화조정자와 재건자가 나타난 것이다. 하지만 우리의 정치적 행운은 아직 구현되지 않았고, 다만 이 약탈자는 전 생애에 걸쳐 바로 그 시점에서 처음으로 굳건히, 진심으로, 그리고 오랫동안, 어쩌면 영원히 우리와 화해했을 수도 있었던 그런 상황에 처했던 것이다. 우리가 유럽에서 그를 방해하지 않을 것이라는 조건에 그는 우리에게 동방을 넘겨주었을 수 있고, 우리의 현재와 미래의 재난과 불행이라는 이 '동방의 문제'는 이미 오래전에 해결될 수 있었던 것이다. 약탈자는 이것을 스스로 나중에 말했고, 아마도 거짓말은 하지 않았던 듯하다. 말하자면, 향후 우리에게 동방을 내주고 그 자신은 서방을 차지할 목적으로 우리와 연합하는 방식 외에는 그 어떤 더 나은 대안도 없었던 것이다. 그때 그는 유럽 각국 사람들을 설득했을 수도 있다. 그들은 동방에서 우리를 간섭하기엔 분명 영국조차, 지나치게 약했다. 아마도 나폴레옹이 나중에 몰락했을 것이고, 또는 그의 왕조의 몰락과 그의 죽음 후에, 동방은 결국 우리 편에 남았을 것이다(그때 우리에게 바다가 있었다면, 우리는 해상에서 영국과 만날 수도 있었을 것이다). 하지만 우리는 그 그림 때문에 모든 것을 포기했다. 더구나 나폴레옹을 다 격파하지 못한 상황에 이 모든 해방된 민족들은 곧 매우 강한 악의와 불신의 눈길로 우리를 바라보게 되었다. 국제회의에서 그들은 즉시 우리와 대립해 빈틈없는 벽을 쌓고 연합했고, 모든 것을 차지했다. 우리에게는 아무것도 남지 않았을 뿐더러, 오히려 우리에게서 약정, 진리, 자유 의지를 빼앗아가고, 나중에 알려진 바와 같이 우리에겐 매우 손해만 안겼다. 그 이후 그렇게 얻은 교훈에도 불구하고, 우리는 이 세기의 그 후 세월 내내 지금까지 무엇을 했는가? 우리가 바로 게르만 국가들의 강화를 가능케 한 것이 아닌가? 지금 우리보다 그들이 더 강하게 되기까지 아마 우리가 그들에게 힘을 보태준 것이 아닌가? 그렇다. 말하자면, 우리가 그들의 성장과 힘을 가능케 했다는 것은 과장 섞인 말이 아니다. 그들의 부름으로 그들의 내분을 진정시키기 위해 기꺼이 갔던 것이 우리가 아닌가? 재난이 그들을 위협할 수 있었을 때, 후방을 지켜준 것이 우리가 아닌가? 그런데 반대로 재난이 우리를 위협할 때, 그들은 우리의 후방으로 나아오거나, 혹은 또 다른 재난이 우리를 위협했을 때, 후방을 위협하며 나왔던 것이 그들이 아닌가? 그 결과 현재 유럽의 정황은 이렇다. 모든 형태와 언어로 그들은 우리를 겨냥해 오래전부터 무리를 숨기고, 첫 대면만을 기다리는 것이다. 실은 유럽에 그렇게 봉사를 하면서, 과연 우리는 무엇을 얻었단 말인가? 단지 그들의 미움뿐이다! 행운을 얻기 위해 바삐 뛰면서 거기서 우리는 레페틸로프[42]의 역할을 했다.

"지참금도 한 푼 없고, 일도 되지 않고."

하지만 왜 이렇게 유럽의 증오심은 우리에게 향했으며, 왜 그들 모두는 처음부터 끝까지 우리를 신뢰하지도, 우리의 무해성을 믿지도, 우리는 그들의 친구이자, 하인, 좋은 하인인 것을, 그리고 유럽의 모든 목표가 우리 목표로서, 유럽을 위해 봉사하고, 유럽의 복지를 위해 이바지하겠다는 것을 믿지 못하겠다는 것인가라는 말이다(왜냐하면 그렇지 않은가? 지난 백 년 내내 우리가 그렇게 행동하지 않았는가? 자신을 위해 우리가 과연 무엇을 했던가? 무엇을 얻었던가? 모든 것이 유럽에 귀착되었다!). 아니, 그들은 결코 우리를 신뢰할 수 없는 것이다! 그 중요한 요인은 그들이 우리를 결코 자신들의 편으로 인정할 수 없다는 점이다.

그들은 결코 단 한 번도 우리가 정말 그들과 함께 그들 문명의 미래 운명 속에 나란히 참여할 수 있다고 믿지 않고 있다. 그들은 우리를 자신들의 문명사회에서 관계가 없는 떠돌이라고 생각했다. 그들은 우리가 그들의 계몽을 훔친, 그들의 의복으로 가장한 도둑이라고 생각하고 있다. 그들에겐 터키인들과 유대인들이 우리, 아리아인보다

---

42) 레페틸로프 : 그리보예도프의 《지혜의 슬픔》의 주인공.

정신적으로 더 가깝다. 이 모든 것은 우리가 그들과 현격히 다른 인성에 대한 관념이 있다는 매우 중요한 요인에 기인한다. 이것은 우리 '러시아 유럽인들'이 그간 전력을 다해서 우리는 그 어떤 이념도 지니지 않고 있으며, 미래에도 그럴 가능성은 전혀 없다는 것을, 러시아는 자체적인 이념을 갖출 능력도 전혀 없으며 단지 모방 능력만 있다는 것을, 우리는 아시아인도, 야만인도 아니며, 단지 그들과 같은 유럽인일 뿐이라고 그렇게도 유럽에 확신을 주려 온갖 노력을 했음에도 그렇게 된 것이다. 그러나 사실 유럽은 이 경우 우리 러시아 유럽인들을 절대 믿지 않았다. 반대로, 오히려 유럽은 그들에 대해 무엇인가를 듣기만 하고 완전히는 모르고 있음에도 불구하고, 결국은 우리 슬라브주의자들의 결론에 일치했다. 그 일치는 바로 유럽이 이제 슬라브주의자들처럼, 우리에게는 자체적인, 유럽적이 아닌 독특한 '이념'[43]이 있으며, 러시아가 이제 자체적 이념을 갖출 능력이 충분하다는 것을 믿고 있다는 점에서 비롯되었다. 물론 우리의 이념의 본질에 대해서는 유럽은 당연히 아직 아무것도 모르고 있으며, 만일 알았더라면 사실상 곧 안심하고 기뻐했을 것이다. 하지만 언젠가 반드

43) 이상, 이데아.

시 알게 될 것이며, 그때는 유럽의 운명 속에서 가장 위기의 순간이 닥칠 때일 것이다. 그러나 현재 유럽은 우리를 믿지 않을 뿐 아니라, 우리 이념의 존재를 인정하면서 그것을 두려워하고 있다. 마침내 우리는 유럽에서 혐오감을 불러일으키고 있다. 그곳에선 개인적으론 간혹 정중하면서도 우리에게 혐오감을 보이고 있다. 예를 들어, 그들은 러시아의 과학이 몇몇 훌륭한 일꾼들을 내놓고, 유럽 과학에 이바지할 수 있는 좋은 결과물을 도출했다고 마지못해 자인할 것이다. 하지만 아무런 이유 없이 지금 유럽은 우리 러시아가 과학 분야의 인재뿐만 아니라(매우 재능이 있음에도), 베이컨이나 칸트나 아리스토텔레스와 같은 수재, 지도자를 배출할 수 있다는 점을 믿지 않고 있다. 우리의 문명을 믿지 못하는 한 그들은 이 점을 결코 믿지 못할 것이며, 또한 우리의 미래 이념도 아직 알 수 없을 것이다. 사실은 아직은 그들이 맞다. 우리가 제 길을 찾지 못하고 정신적으로 독립하지 못하는 한 우리에게는 그 어떤 베이컨도 뉴턴도 아리스토텔레스도 나타나지 못할 것이다. 그것은 우리의 예술과 산업 부문과 같은 다른 모든 분야에서도 그것은 마찬가지이다. 칭찬하고 머리를 쓰다듬을 준비가 되어 있다. 하지만 우리를 자신의 편으론 절대 인정하지 않고, 우리를 내밀하게 또는 공공연히 무시하며, 자신들보다 열등한 종족으로 생각하고 있다. 가끔 유럽은 우리에게 혐오감을 보이는바, 특히 우리가 그들의 목을 감싸고 형제애의 포옹을 하려 할 때 더욱 그렇다.

하지만 유럽으로의 창으로부터 돌아서긴 어려우며, 그것은 숙명과도 같다. 그렇지만 아시아는 정말로 우리 미래의 출구가 될 수 있으며, 이것을 다시 소리 높여 나는 외친다. 만약 우리에게 이 이념이 부분적으로라도 수용되었다면, 오, 얼마나 건강한 뿌리를 우리가 이미 내렸을 것인가! 아시아, 우리 아시아적 러시아는 사실 우리의 커다란 뿌리이며, 이 뿌리를 싱싱하게 해야 할 뿐만 아니라 완전히 소생시키고 개작할 필요가 있다. 원칙, 새 원칙과 현실에 대한 새로운 시각이 필수불가결하다.

《작가의 일기》 1881년 1월호

질문과 응답

무엇 때문에, 무엇 때문에?—이미 흥분한 목소리들이 들려오고 있다—우리의 아시아적 과제라는 것이 현재 우리에게 연속적으로 군대와 비생산적인 지출을 요구하고 있다. 또한, 거기에 무슨 산업이 있는가? 어디에 그들의 상품이 있으며, 당신은 어디에서 우리 상품의 구매자들을 찾을 수 있는가? 그런데 당신은 바로 뚜렷한 이유 없이 유럽과의 관계를 영원히 끊으라고 우리에게 제안하고 있다.

—영원하지는 않습니다(나는 자신의 의견을 고수하며 계속 말한다). 갈라지더라도 일시적으로, 그리고 그 단절은 완전히는 결코 아닙니다. 우리는 유럽을 완전히 내버려둬서는 안 되고, 그럴 필요도 없습니다. 그곳은 분명히 열렬한 슬라브주의자가 진술한 바와 같이 "신성한 기적의 나라"입니다. 유럽은 러시아와 마찬가지로 우리에게도 어머니, 두 번째 어머니입니다. 우리는 그곳에서 이미 많은 것을 가져왔고, 또한 가져올 것이며, 그 앞에 배은망덕해지기를 원하지 않습니다. 나는 작년 모스크바에서의 푸시킨 축일에 유럽에서 러시아 민족이 지닐 미래의 위대한 가치에 대해(나는 이를 믿는다) 몇 마디 한 적이 있습니다.

그런데 그 후에 모두가 나에게 쓰레기와 욕설을 내던졌으며, 그중엔 당시 내 연설로 말미암아 나를 포옹했던 몇몇 사람들까지도, 정말로 그때 그 나의 말로 인해 내가 어떤 혐오스럽고 더러운 짓을 한 듯이 비난했습니다.

그러나 아마도, 내 말은 잊히지 않을 것입니다. 어쨌든 현재는 그것으로 충분합니다. 그렇지만 우리는 우리의 재교육에 대해, 그리고 이집트로부터의 우리의 출발점에 대해 염려할 권리는 있는 것입니다. 그것은 우리 자신이 유럽으로부터 그 어떤 정신적인 이집트와 같은 무언가를 만들어냈기 때문입니다.

—잠깐만요. —누군가 나의 말을 중단시킬 것이다—그래, 아시아는 어떻게 우리에게 독립성을 부여할 것인가요? 거기에서 우리는 결국 아시아식으로 잠들 것이고, 독립은 물 건너갈 것입니다!

—아니지요, 아시겠습니까?—나는 계속 말할 것이다—아시아로의 방향 전환과 이어 아시아로 우리의 새로운 시선이 열리면, 그때는 곧 아메리카가 개방되었을 때 유럽에서 일어난 그런 것과 같은 현상이 있을 수 있습니다. 아시아는 정말로 우리에게 아직 열리지 않은 당시의 아메리카지요. 아시아로의 지향은 우리에게 정신과 힘의 상승을 부활시킬 것입니다. 우리가 단지 더욱 자주적이 된다면

우리는 곧 무엇을 해야 할지를 알게 될 것입니다. 사실 지난 2백 년간, 유럽과 함께하는 동안 우리는 모든 일에 대한 실천력이 없어졌고, 단지 말만 무성하고 게으름뱅이가 되었던 것입니다.

—우리가 게으름뱅이라고 하시면, 과연 당신은 어떻게 우리를 아시아로 몰아댈 것인가요? 그래요! 만약 거기에 우리의 행복이 있다고, 마치 2 곱하기 2 하듯 명확히 입증한다고 해서, 누가 우리 중 먼저 나설 건가요?

—우리는 유럽에서 식객이고 노예였지만, 그러나 아시아에서는 우리가 주인이 됩니다. 유럽에서 우리는 타타르였으나, 아시아에서는 우리가 유럽인들입니다. 아시아에서 우리의 임무는 문명 보급자로서의 사명의 실천이며, 그것이 우리의 정신을 사로잡고 그곳으로 우리를 끌어들일 것입니다. 단지 첫 출발이 필요할 뿐입니다. 단지 2개의 철로를 부설하는 것입니다. 그것으로부터 시작될 것입니다. 하나는 시베리아로, 다른 하나는 중앙아시아로, 그러면 곧 그 결과가 보일 것입니다.[44]

---

44) 작가의 예지와 현실 판단력이 돋보이는 부분으로, 러시아는 19세기 말, 20세기 초까지 시베리아 횡단 철도를 완공하고 동아시아와 중앙아시아에 이르는 식민지 정복 사업을 벌인다. 이 지역에서 20세기 소련 시대에 자원 개발이 본격화되고 21세기 초 현재는 한반도 종단 철도

—정말 당신은 대단하시네요! —사람들은 나를 비웃을 것이다—그 재원은 어디 있으며, 그 후엔 무엇을 돌려받을 수 있는가요? 우리는 손해만 볼 것입니다.

—첫 번째로, 만약 최근 25년간 우리가 이 길을 위해 일 년에 단 3백만 루블씩만 투자했다면(3백만 루블 정도는 어떤 경우 우리 손가락 사이로 잠깐 흘러내릴 정도밖에 안 된다) 지금쯤 이미 우리에게 7천 5백만 개의 아시아 길이 준공되어 있지 않겠습니까? 즉, 어떻게 계산하더라도 천 베르스타[45]가 넘을 것입니다. 뭣 때문에 당신들은 손실에 대해 논하고 있는가 말입니다. 오, 만약 우리 대신 러시아에 영국인들이나 미국인들이 살았었더라면, 그들은 당신들에게 곧 무엇이 손해인지 보여줬을 것입니다! 그들은 분명히 우리의 아메리카를 발견해 낼 것입니다. 당신들은 아시아에 아프리카 내부보다도 우리가 잘 모르는 땅이 있다는 것을 알고 있는가요? 그리고 우리는 과연 어떠한 자원이 그 무한대의 땅속에 숨겨져 있는지 알고 있는가요? 오, 그들은 곧 모든 금속과 광물, 수없이 많은 탄전까지 손

와의 연결이 논의되고 있다.

45) 베르스타 : 미터법 시행 전 러시아의 거리 단위로 1.068킬로미터에 해당한다.

을 대고 모든 것을 찾아 발견하고, 그 자원의 사용법도 알아낼 것입니다. 그들은 곧 그들의 필요에 따라 과학을 이용해서 그 땅에서 50배의 수확을 이뤄낼 것입니다. 그 땅을 우리는 아직도 여기 우리의 손바닥만큼이나 텅 빈 온대초원 지대로밖에 생각하지 못하는 동안에 말입니다. 수확된 곡식이 사람들을 불러 모을 것이며, 곧 생산, 산업이 생겨날 것입니다. 그래도 걱정하실 건가요? 소비자는 당연히 생길 것이며, 그들에게 이어지는 도로는 놓일 것입니다. 수백만 명이 아직 졸고 있는 그 아시아의 깊숙한 곳에서 소비자는 찾아질 것이며, 그들에게로 향하는 새로운 길은 건설될 것입니다.

—자, 당신은 지금 과학에 대해 칭송하고 있지만, 동시에 우리를 아시아인이 되라고 함으로써 과학과 계몽을 부정하도록 강요하는 것입니다.

—그곳에는 과학이 더욱 필요합니다! —나는 소리를 높이고 있다—그런데 우리는 현재 과학에 있어서 반은 실패자이고 딜레탕트입니다. 그러나 그곳에서 우리는 일꾼이 될 것이고, 필연성이 스스로 그렇게 압박 또는 강요하고, 어느 정도 독립적이고 진취적인 정신이 일어날 것입니다—곧 과학에서 현재 온통 만연한 국외자가 아닌 권력자가 될 것입니다. 중요한 것은, 아시아에서의 문명보급자

로서의 (의심할 여지도 없는) 우리의 임무는 첫 걸음과 함께 우리 자신이 이해하고 통달하게 될 것이라는 점입니다. 아시아는 우리의 정신을 고양할 것이고, 아시아는 우리에게, 현재 아주 없거나, 또는 아주 적은 자긍심과 자각을 북돋워줄 것입니다. 아시아로의 지향은 진정, 만약 그것이 실제 우리 사이에서 생겨난다면, 무엇보다 다수의 우려하는 지식인들과 회의주의, 나태, 무위도식에 빠진 모든 사람들에게 탈출구가 될 것입니다. 이 흐름의 출구를 열기만 하면 곰팡이와 악취는 곧 사라질 것입니다. 일의 물꼬가 트이기만 하면 그들은 곧 권태감을 벗고 다시 태어날 것입니다. 상처받은 자존심으로 무력감에 빠진 그들도 그곳에서 자신의 출구를 찾을 것입니다. 흔히 어떤 장소에서 무능했던 사람이 다른 곳에서는 거의 천재가 되기도 하는 법입니다. 이것은 유럽 식민지에서 흔히 나타나는 현상입니다. 그리고 러시아가 공동화될 것은 두려워하지 마시길 바랍니다. 그것은 점차 시작될 것이고, 처음에는 소수에 의해 출발할 것입니다. 하지만 곧 그들에 대한 소문이 되돌아올 것이고 다른 이들을 이끌어갈 것입니다. 그러나 러시아라는 바다 위에 이것은 눈에 띄지 않을 것입니다. 당밀에 빠진 파리를 자유롭게 해주고, 날개를 곧게 펴게 하십시오. 우리 인구의 아주 낮은 비율이 그곳으로 움직일 것이고 그것은 전체 인구에서 아무 표시도 나지 않을 것입니다. 하지만 거기선 눈에 띌 것입니다! '우루스'가 살게 되는 아시아 땅은 어디라도 곧 러시아 땅이 될 것입니다. 어느 시점에서는 옛 러시아를 부흥, 부활시키게 될 새로운 러시아가 탄생할 것이며, 앞으로 나아갈 길을 제시하게 될 것입니다. 하지만 이 모든 것을 위해 새로운 원칙과 전환이 필요합니다. 물론 여기엔 최소한의 변혁과 충격이 필요합니다. 장래의 아시아는 우리의 출구이고, 거기에 우리의 자원이 있고, 거기에 우리의 바다가 있다는 것을 단지 소수 사람에게만 알게 하십시오. 유럽은 지금 인구 과잉 상태만으로도 굴욕적인 공산주의가, 그들 자신이 도저히 피할 수 없이, 고통을 예고하며 형성되어 갑니다. 결국 온갖 군중이 하나의 중심으로만 몰려들며 개별 경제는 서서히 무너질 것이며, 가족들은 그들의 가정을 떠나 집단 코뮌에 살기 시작할 것이며 아이들은 (4분의 3이 기아가 되어) 보육원에서 양육될 것입니다. 그러나 우리는 아직 넓은 공간, 초지, 숲을 지니고, 우리의 아이들은 석조 바라크가 아닌 그들 부모의 가정에서 맑고 푸른 하늘 아래 정원과 수확을 마친 들판 위에서 놀며 자라날 것입니다. 그렇습니다, 아시아는 우리에게 큰 희망과 많은 가능성을 제시하고 있습니다. 이 가능성의 전체 규모는 우리가 헤아릴 수조차 없습니다. 그 땅속에 금만 숨겨져 있는 것이 아닙니다. 하지만 우리에게 새로운 원칙이 필요합니다. 새로운 원칙과 일에 필요한 돈이 필요합니다. 솔직히 말하자면, 우리가 왜 그곳 유럽에 도대체 그 많은 대사관을 운영하는 것입니까? 실상 (특히 지금 이 시점에) 도대체 왜 그곳에 그 똑똑한 고임금의 직원들이, 그 호화로움 속에서 사교와 만찬을 위해 상주하는 것입니까?

(…)

《작가의 일기》 1881년 1월호

해설

《작가의 일기》는 1873년, 1876~1877년, 그리고 1880~1881년 사이에 도스토옙스키가 독자적으로 발간한 월간지다. 이것은 독특한 형식의 1인 집필 잡지다. 이를 통해 작가는 장르의 경계를 넘나드는 실험적 저널리즘 양식으로 자신의 미학적 · 철학적 견해를 밝혔다. 그는《작가의 일기》에서 러시아 신문에 거론되는 다양한 시사 문제에 관심을 기울였다. 즉 당대의 주요 사건과 시사 문제에 대해서 심오한 철학과 사상을 바탕으로 해설하고 자신의 견해를 밝혔다. 특히 그의 관심은 조국 러시아의 시대상을 드러내는 것이었다. 당대의 주요 관심사였던 러시아와 유럽의 문제를 포함해서 다양한 주제에 대한 자신의 시각과 견해를 직설 화법으로 표현해 독자의 큰 반향을 불러일으켰다.

《작가의 일기》는 1인 집필 잡지 속에 콩트, 사회 · 정치 평론, 수기, 소설 등을 혼합한, 장르와 문체의 실험을 통해 작가의 궁극적 사상과 사회의식 그리고 미학을 보여 주는 결정판으로, 한 사람이 쓴 다양한 장르의 여러 가지 글을 모아 월간지 형식으로 발간한 세계 문화사에서 희귀한 작품이다. 특히 이 작품에서 작가는 어느 소설에서보다 작가 자신의 통합적 · 예지적 담론과 관념의 깊이와 다양성을 보여 주었다. 그러나 그는 당대 주요 사건과 시사 문제에 대한 언급에서 생경한 정치적 · 사회학적 강변과 주장(쇼비니즘적[46] · 반유대주의적 · 전투적 담화)으로 많은 논쟁을 불러일으켰다. 그러나 《작가의 일기》는 도스토옙스키의 사상과 미학을 논하는 갖가지 논문과 비평에 반드시 언급 · 인용되는 작품이며, 그를 러시아 역사에서 최고의 문학 사상가이자 예언자로 자리매김케 한 작품이다.

도스토옙스키는 당대의 사회문제와 역사적 사건들에 대해 작가적 혜안으로 그 이면의 의미를 탐구해 나갔다. 혼란스러운 현실의 진부한 단면들은 결국 그의 탁월한 상상력과 창조력에 힘입어 그 이면을 드러내고, 사소한 것처럼 보이는 가십조차 그의 손을 거치면 극적인 성격으로 두드러지기도 한다.

---

46) 국가의 이익을 위해서는 방법과 수단을 가리지 않는 광신적인 애국주의나 국수적인 이기주의.

어머니들도 마시고 아이들도 마신다. 교회는 비어 가고, 아버지들은 강도질한다. 이반 수사닌 동상의 청동 팔 하나를 잘라서 술집에 가져가면 술집에선 그것을 받아주는 것이다. 아무 의사에게 물어보시라. 이런 취한에게서 어떠한 신세대가 태어날 수 있는지.

이것은 1873년 《작가의 일기》에 실린 시평 〈공상과 환상〉 속에 들어 있는 작가의 격렬한 토로다. 《작가의 일기》를 통해 도스토옙스키는 폭로자와 선동가의 역할을 하고 있다. 이 글은 추악하고 무서운 현상이 꼬리를 물고 일어나는 비극적 상황 속에서 도탄에 빠진 민중을 돕자고 인텔리겐치아(지식층)에 호소하며, 교육계 현실을 규탄하고 궁핍한 생활 때문에 미국으로 떠난나는 망명자들을 격렬하게 비판한다. 한낱 짧은 시평 〈공상과 환상〉 속에 러시아의 정치, 사회, 경제, 교육 등 현실의 문제들이 모두 거론되고 있다. 그리고 마치 작가의 무력감과 소원감에 의해 폭로와 선동의 목소리는 더욱 절규의 색채를 띠는 듯하다. 조소와 풍자적인 어조를 섞은 이 절규의 목소리는 《작가의 일기》 1876년 2월호에 실린 〈크로네베르크(Кронеберг) 사건에 대해〉에서는 분노의 어조로 바뀐다. 일곱 살짜리 딸을 학대한 혐의로 체포된 아버지가 재판받는 과정을 도스토옙스키는 폭로하고 있다.

폭로하는 분노의 어조는 특히 아동 학대 문제에서 더 높아진다. 그는 무엇보다 아동에게 고통을 가하는 자는 용서받을 수 없다고 했으며, 아동 학대자를 변호하는 변호사를 경멸했다. 도스토옙스키의 휴머니즘은 깊고도 본능적인 연민과 슬픔의 감정으로 나타나고 아동 학대에 대해 분노의 목소리를 발한다.

> "남들에게 들키지 않도록 한구석에 숨어, 손을 쥐어 짜고, 작은 주먹으로 자기의 가슴을 치며 우는 아이를 보았는가?"

《작가의 일기》의 시사평론의 특성은 신랄한 폭로와 비극적 풍자성이다. 1873년의 〈공상과 환상〉에 나타난 도스토옙스키의 의도는 비극적 풍자이며, 악마적 이미지에 대한 폭로와 고발이었다. 도스토옙스키의 휴머니즘은 이후의 《작가의 일기》 전편을 통해 이러한 부정적 이미지에 대한 폭로와 고발이 전제되어서 이루어지고 있다.

도스토옙스키는 그의 소설 속에서 이미 박애주의자, 냉혹한 인간 탐구가, 또는 새로운 기독교의 예언자 등 수 없이 많은 면모를 지닌 인격체로 자신을 드러냈다. 그래서 특히 실존주의자, 심리학자, 종교적 신비주의자들에 의해 저마다 다른 목적으로 도스토옙스키의 소설이 활용되었음은 다 아는 사실이다. 그러나 《작가의 일기》는 광범위한 범주를 넘나들며 복잡한 양상을 띤 주제와 형식으로 독자 대부분을 당혹스럽게 만들기도 했다.

문제는 《작가의 일기》에 펼쳐진 그의 사상이 때로 극단적인 모순을 동시다발적으로 보여 주기 때문에 이해의 방향을 잡기가 수월치 않다는 점이다. 모호함, 이중성, 모순, 대립, 갈등, 그리고 호전성까지 보이는 《작가의 일기》의 문맥은 그 어떤 평범한 해석도 거부하고 있다. 그것은 동질성이 붕괴되고 이질적인 요소들이 혼재되어 충돌 · 대립한 당대 러시아 역사와 무관치 않은 것이며, "만일 신이 없다면 모든 것이 용납될 것이다"라고 한 《악령》의 키릴로프로 표상되는, 세기말의 무신론적 종말에 대한 작가의 비극적 예감과도 관계가 있을 것이다.

《작가의 일기》는 도스토옙스키가 실험적인 저널리즘 양식을 통해 자신의 미학적 · 철학적 견해를 밝히고자 한 특수한 장르 실험이었다. 특히 그는 당대 러시아 민중의 삶의 문제와 함께, 지식층의 주요 관심사였던 러시아와 유럽의 문제를 포함해서 정치 문제에 많은 장을 할애했다. 그는 자본주의 문명의 위악적 · 인위적 본질과 함께, 사회주의의 비인간적인 면모와 잔인성을 갈파했다. 사회주의의 러시아 전파로 말미암은 사회의 분열과 인간성 파괴에 대한 위기감을 강조하여 예언자적 면모를 드러낸 셈이다. 그러나 《작가의 일기》 속의 많은 사회 평론에서 도스토옙스키의 발언은 흔히 생경할 정도로 노골적인 어투를 보여준다.

특히 당대 유행을 좇아 유럽을 여행하고, 유럽을 동경하는 각계 귀족, 지식층 러시아인들의 심리에 대한 날카로운 지적과 함께, 허영과 위선에 가득 찬 러시아 상류층에 대한 자괴감이 바탕을 이룬다. 특히 그의 관심은 늘 조국의 문제에 수렴되며, 러시아 지식층에 밀려드는 유럽 문명에 대한 비판적 태도를 견지한다. 작가는 이기적 특질이 만연한 유럽 사회는 분열되고 계층 상호 간에 호전성을 보이는 등 불안한 미래가 열려 있음을 끊임없이 지적하며, 이러한 질병의 러시아 침투를 경계한다. 그리고 로마 가톨릭 신앙과 사회주의 사상의 비극적 충돌까지 예견하고 있다. 19세기 후반 급격한 산업화 · 서구화 과정 속의 러시아 사회의 분열과 지나친 배금주의를 경계하는 한편, 그는 부르주아와 프롤레타리아 혁명을 꿈꾸는 혁명가들이 일으키는 갈등의 원인과 진행 과정, 그리고 그 비극적 전망까지 예언하고 있다.

도스토옙스키는 이미 《악령》에서 당대 사회문제를 다루며 극단적 무신론자들 혹은 사회주의를 꿈꾸는 급진주의자들의 비극적 형상과 그 몰락을 그려내었고 이로써 역사(러시아사와 세계사)에 대한 예지를 발휘했다. 그 결과 20세기에 태동한 소련 체제는 이 작품을 금서로 취급하기까지 하고 작가의 잔인한 천재성을 기우 어린 눈길로 터부시하기까지 했다. 그것은 무엇보다 작가의 관념이 반사회주의, 반유물론에 근거하고 있기 때문이었다.

부정적 현실에 대한 도스토옙스키의 대안은 결국 선량한 러시아 민중이며 러시아 정교다. 그는 궁극적으로 러시아 민중과 정교에 기초한 새로운 유토피아 건설을 꿈꾼다. 물론 그것은 끊임없이 회의와 모순을 겪으며 도달해야 할 천국으로, 가난한 러시아에서 구현되어야 하며 그것은 그리스도의 뜻이기도 하다. 도스도옙스키는 그 근거를 가장 밑바닥 범죄자들을 포함하는 민중 속에서 찾고자 한다. 도스토옙스키는 그 범죄자들 이면의 심리와 그들 속에 숨겨진 인간의 모습을 발견하려고 한다. 《죽음의 집의 기록》에서 그는 시베리아 유형 중 만난 온갖 잡범(대부분 하층 계급 출신) 속에서 선량함, 신앙심 또는 긍정적 능력을 발견한 뒤 이를 힘 있는 필치로 이른바 "러시아 나로드(민중)"의 실상을 밝혀내고, 1876년 2월호 《작가의 일기》

의 〈농부 마레이〉 이야기에서 민중을 통해 자신의 근원적 신뢰를 다시 확인하고 있다.

그들 러시아 민중은 거칠고 때로 방탕하지만 허위와 위선, 기만으로 점철된 관료 집단과 귀족 사회를 증오하고 부르주아 문화를 비웃고, 대신 어린아이뿐만 아니라 동물까지 사랑하는 진정한 인류애를 지니고 있었던 것이다. 이러한 러시아 민중과 정교에 기초한 도스토옙스키의 새로운 유토피아 건설의 희망이 《작가의 일기》의 화자와 '역설가'의 직간접 화법으로 수없이 표명되고 있다. 그리고 그 희망은 현실적으로 '가난한 우리 러시아에, 황량한 우리 국토에' 어떻게 이 '새로운 말을 할 사명을' 줄 수 있는가의 의문에서 출발하고 곧 그것은 러시아는 '구유' 속에서 태어난 예수 그리스도가 돌아다닌 곳이기에 가능할 뿐, 경제적 영광과 칼, 그리고 과학의 힘으로는 가능한 것이 아니라고 해명하고 있다.

시베리아 유형 생활을 통한 그의 '가난한 러시아' 민중의 발견은 1860년대 이래 작가의 소설과 평론 속에 자신이 속한 지식층의 허위를 벗기는 기제가 되고, 《작가의 일기》의 일관된 주요 테마가 된다. 간간이 등장하는 화자와 '역설가'의 논쟁을 비롯해 지식인과 민중에 대한 담화들의 근저에 도스토옙스키의 두 계층에 대한 부정과 긍정의 사유 체계와 사회학적 관점이 드러난 것이다.

표트르 대제가 서구화를 시도한 이래 소외되고 왜곡된 러시아 지식인들의 관념적 형상은 도스토옙스키에 의하면 철저히 부정되고 전환되어야 할 대상이다. 그 대신 러시아의 긍정적 본질을 간직한 민중에 의해서 이들 지식인과 전체 러시아는 희망을 찾아야 한다. 그것은 대립하는 이 두 계층이 화해와 중재를 통한 새로운 테제(These)를 구축하는 것이다. 《작가의 일기》 1876년 2월호의 〈민중에 대한 사랑에 대해, 민중과의 불가피한 제휴(О любви к народу, Необходимый контракт с народом)〉에서 보여 주는 민중에 대한 작가의 관념은 이중성을 띤다. 지식인이 먼저 민중 앞에 겸손과 참회의 태도를 보여야 하지만, 도스토옙스키는 민중에게도 개선을 요구한다. 그것은 도스토옙스키의 상대주의와 유보의 원칙이기도 하다.

도스토옙스키는 아직 민중과 인텔리겐치아의 제휴 가능성을 확신하지 못하고 있다. 그가 《작가의 일기》 속에 표명하는 '급진파와 보수파 또는 슬라브파와 서구파의 통일과 화해에 대한 열망, 그리고 그리스도에 대한 절대적인 신앙'은 대개 유보적이기도 하다. 소설가로서 그가 극화하고 과장하는 것은 19세기 러시아의 비극적 현실에 대한 철저한 작가적 인식의 소산일 뿐이다. 그는 베르댜예프의 말대로 니체나 키르케고르와 나란히 19세기에 존재한 비극의 계시자였기 때문이다.[47] 그러나 어쨌든 그가 믿고 설파하고 싶었던 것은 비극적 현실이 극복될 것이고, 또 그렇게 되어야 한다는 것이었다. 그래서 그는 관념의 문제로 돌아가서 유토피아를 논하고, 범슬라브주의적인 새로운 러시아에 대한 희망을 피력하게 된다.

《작가의 일기》는 모순과 갈등이 첨예화된 사회적 분위기와 도스토옙스키 자신의 유형 후 사상적 전환점에서 쓰였다. 기존 모럴과 이념에 대한 회의와 부정이 팽배한 사회적 분위기 속에 1870년대 러시아의 새로운 신세대 인텔리겐치아들은 기존 모럴과 이념의 전통 속에 존재하던 집단적, 추상적 요소들을 거부하고 새로운 개인적 관계와 사회 조직의 공식으로 대체하려는 경향을 보였다. 그러나 이러한 경향은 보수화의 길을 선택한 도스토옙스키에 의하면 인간의 본성과 역사 발전 법칙에도 어울리지 않는 지극히 부자연스런 현상이었다. 그는 이제 페트라솁스키 당원으로서 자신이 꿈꾸었던 '새로운' 사회적 이상에 대해서 회의와 증오까지 서슴지 않는 견해를 밝힌다. 그는 모든

47) 니콜라이 베르댜예프, 《러시아 사상사》(이철 역, 범조사, 1985), p.283.

사람을 만족하게 할 수 있다고 자신하는 인위적인 이상적 사회 조직에 의한 유토피아도 '개미집(Муравейник)'[48]에 불과할 것이라고 확신한다. 도스토옙스키에 의하면 인간은 개미나 벌이 될 수 없는 것이며, 신을 부정한 인간에 의한 인위적 사회 조직의 공식에 바탕을 둔 그 어떠한 유토피아 또는 수정궁의 철학도 부정되어야 한다. 특히 유럽과 러시아는 가톨릭, 프로테스탄티즘, 정교라는 세 가지 이념이 바야흐로 서로 충돌하는 위기와 혼란의 시대를 맞고 있었다.

> 그러면 유럽은 어떤가? 그곳도 마찬가지 아닌가? 우리가 그렇게도 믿어 왔던 이 모든 결합력이 비참한 신기루로 바뀌지 않았던가? 그곳의 분해와 분열은 러시아 이상으로 심각하지 않은가? 이것이 러시아인이 제기하지 않을 수 없는 질문이다. 무엇보다도 먼저 진정한 러시아인치고 유럽에 대해 생각하지 않은 사람이 있을까?
>
> —《작가의 일기》〈유럽의 미래는 불안하다〉

---

48) 1860년대 초부터 도스토옙스키가 자주 쓰는 표현으로, 이성론적, 기계론적 과학과 무신론에 기초한 사회를 상징한다.

그는 이미 《겨울에 쓴 여름 인상기》에서 독일, 프랑스, 이탈리아, 스위스, 영국을 여행하며 얻은 인상을 담은 여행기를 진술했다. 그것은 《작가의 일기》 속 유럽 담론의 배경으로 특히 파리와 런던이 중심이 된, 풍경 묘사보다는 사회 비평적 글로서 유럽에 대한 환멸, 파리 시민들의 비속함, 런던의 자본주의, 부르주아에 대한 환멸과 창녀, 노동자들의 유흥에 대한 몰입 등 유럽에 대한 부정적인 인상을 서술한 작품이다. 러시아 민족주의(슬라브주의)에 기대하는 작가의 사상적 근거가 마련된 글이다. 《악령》에서 보여 준 작가의 정치적 보수성과 러시아 민족주의적 지향은 그의 시베리아 유형이나 유럽 체험과 관련된다.

이러한 작가의 이념적 변신의 이유는 1873년 창간호 《작가의 일기》 속에서 〈옛 사람들〉로 해명된다. 작가는 저널리즘을 시작하며 그의 젊은 시절에 이념적 스승이었으며, 《가난한 사람들》로 그를 등단시켰던 서구주의자 벨린스키와의 관계를 정리하는 듯하다. 벨린스키의 가르침으로 서구 혁명 사상을 학습하다 사형선고와 시베리아 유형을 겪은 도스토옙스키는 유형 후 자신의 과거 신념에 대한 착잡한 심정과 변신의 과정을 토로할 필요성을 절감한 듯하다. 과거의 공상적 이념의 분위기는 유형 후의 도스토옙스키에게 후회와 오욕이 섞인 굴욕적인 기분이 들게 하는 것이 되었다. 그는 이제 벨린스키를 극복하고 자신만의 리얼리즘과 휴머니즘을 러시아 민중에 기초한 그의 새로운 유토피아 미학으로 발전시켜 나가고 있다.

도스토옙스키에게 있어서 무엇보다 절대적 관심의 대상은 독일 프로테스탄티즘보다는 가톨릭의 이념이다. 가톨릭의 대표적 국가는 프랑스이며 이 나라는 18세기 이래 러시아 정신의 문화 전반에 집중적으로 영향을 미친 나라이기도 하다. 도스토옙스키의 세계관 속에서, 사회주의 이념 또한 프랑스의 가톨릭 이념에 대한 반작용일 뿐이다. 도스토옙스키는 가톨릭과 사회주의라는 두 가지 부정적 유토피아를 비판하고 이것을 극복하는 길을 제3의 이념인 러시아 정교에서 찾아야 한다는 신념을 주장한다. 여기서 가톨릭과 사회주의는 부정되어야 할 유럽의 형이상학의 근본이며 러시아 정교가 그 대안이기 때문이다.

도스토옙스키는 그의 이념을 진전시키는 데 있어 미리 예정된 궁극적 상태의 조화를 구현하기 위한 갈등과 모순을 관통해 나아간다. 그는 자신의 유토피아를 제시하고자 《작가의 일기》에서 혁명적 유토피아 사회주의자들과 민중으로부터 소외된 지식인들과 유럽의 가톨릭에 대해 비판한다. 그는 자신의 이상이야말로 당시 사회 해방을 위한 투쟁에 대한 대답으로, 이것이 인간의 정신적 요구와 함께 물질적 욕구까지 만족시켜 줄 것으로 생각했다.

도스토옙스키의 민족주의는 그 이념의 실천에서 주요 매개물은 러시아 민중과 그 반대 개념인 유럽의 존재다. 러시아에 대해 경멸과 은혜를 베푸는 듯한 유럽의 태도를 비난한 후, 그는 러시아의 대지와 민중에 기반을 둔 잠재적 가능성을 강조한다. 나아가 유럽보다 뒤처진 러시아의 민족의식 형성과 문화 덕분에, 러시아가 오히려 유럽보다 더 높은 형태의 정체성－정치와 이기주의를 극복하는－을 이룩할 수 있다고 강변(强辯)한다.

> "위대한 민족이라면 누구나 그들이 오래도록 영속하려면 오로지 자기들에 의해, 자신을 통해서만 이 세계의 구원이 이루어질 수 있다는 사실을 믿고, 또한 믿어야 할 것이다. 또한 여러 민족에 앞장서서 조화의 코러스로 이들 민족을 자기와 일치시키고, 각자에게 주어진 궁극의 목표를 향해 이들을 인도하는 삶을 영위해야 함을 믿어야 할 것이다."[49]

---

49) 도스토옙스키(Достоевский), П. С. П. Т.25, С.17.

도스토옙스키의 민족주의는 곧 러시아 메시아니즘[50]으로 발전한 것이다. 그리고 그의 메시아니즘 또한 당대의 모순과 갈등, 그리고 광기의 실천적 담화이기도 하며 그의 실험정신의 반영이기도 하다. 그는 모든 민족에게는 무엇보다 메시아니즘 경향이 있는 까닭에 민족의 정체성과 생명력을 유지하게 된다고 파악한다. 특히 그는 이러한 논리에 의해 서구주의자들까지 설득하려고 시도한다. 그는 '당신들' 서구주의자들이 갖고 있는 코즈모폴리터니즘적[51] 성향과 신념이 세계의 인류가 조화 속에 살게 할 근원이 될 것임을 인정하고 있다.

도스토옙스키는 한 걸음 더 나아가 유럽이 러시아에 굴복할 것이라고 예언하고 러시아가 유럽을 구할 수 있을 것이라고 강변하기도 했다. 그 이유는 러시아가 유럽과는 다른 길을 걸어왔기 때문에 가능한 것이다. 도스토옙스키에 의하면 러시아는 특수한 정체성과 역사 발전의 과정에 의해 세계사적 역할까지 맡고 있다. 러시아의 미래의 임무는 러시아 내부의 인텔리겐치아와 민중을 화해시키고,

---

50) 악과 불행이 가득한 지금의 세계를 심판하고, 정의와 행복을 약속하는 새로운 질서를 가져올 구세주가 나타날 것으로 믿는 신앙.

51) 인류(人類) 전체를 하나의 세계시민으로 보는 입장.

나아가 유럽의 일원으로서 부패하고 분열된 유럽을 새로운 이상과 범세계적 형제애를 갖는 유럽으로 전환시키는 것이다. 이른바 '전 인류적 성격'[52]을 보유한 러시아의 세계사적 역할에 대한 과장된 그의 주장은 유럽의 운명에 대한 러시아의 결정권을 확보하게 한다.

그러나 곧바로 도스토옙스키는 유럽에 대해 상반된 태도를 동시에 보여 주곤 한다. 그는 흔히 러시아인들이 그 누구보다 유럽을 사랑한다고 주장한다.[53] 도스토옙스키

---

52) 전 인류적 성격(Общечеловечность) : 이 말은 모든 국민 혹은 모든 유형의 개개인의 능력을 공유할 수 있는 능력을 말하며 'Общечеловек : 전인'은 그런 능력을 가진 개인을 의미한다. 베르다예프에 의하면 이 개념은 19세기 초 러시아가 나폴레옹 전쟁을 통해 서구와 접촉해서 알렉산드르 1세 자신과 젊은 군인들의 정신적 시야가 넓어지며 거론되기 시작한 것이다(Н. А. Бердяев, Истоки и смысль русского коммунизма, М, Наука, 1990).

53) 도스토옙스키의 모순적 태도는 물론 동시대 러시아 일반 사회의 유럽에 대한 결정적인 열등감과 도덕적 우월감을 대변한다. 19세기 러시아 지식 사회는 대체적으로 유럽에 대한 애정과 증오, 열등감과 우월감이 교차한 이중적 태도를 보였다. 유럽의 자유 사회와 선진 문명에 의해 굴욕감을 느끼고 러시아를 부정하고 유럽의 위대함을 찬탄과 선망의 눈길로 바라본 것이 서구파였으며, 그 반대편에 콘스탄티노플이 이교도들에게 함락된 이래 러시아가 제국적 사명과 진실한 신앙의 합법적 상속자였음을 주장해서 제3의 로마로서 모스크바의 존재를 강조하는 슬라브파가 있었다.

는 조르주 상드의 죽음에 부쳐 《작가의 일기》 속에 장문의 추도문을 썼다. 그는 여기서 상드를 긍정적인 유럽인으로 칭송하고 있다. 그녀는 도스토옙스키에 의하면 러시아인들이 고향으로까지 여겨야 할 참된 유럽의 모범적 인물이기 때문이다. 러시아가 유럽을 구해야 할 이유는 도스토옙스키의 관념 속에서 러시아인들은 슬라브주의자들까지 유럽을 진정으로 사랑하기 때문이라는 것이다.

작가는 유럽을 안티테제로 놓고 그들의 유토피아 전반에 대한 모순과 갈등을 해석하는 데서 출발한다. 도스토옙스키는 유럽과 서구 사상, 문화를 극복하는 데 푸시킨을 긍정적인 기제로, 톨스토이를 비판적 기제로 활용하는 데까지 나아갔다. 《작가의 일기》 1880년 8월호 2장 〈푸시킨〉에서 러시아가 유럽의 모순을 치유하고 결합시키는 역할을 할 것임을 역설한다. 러시아가 지난 '2세기 동안 유럽에 봉사한 것'은 정치가들이 무능했던 데에 그 이유가 있었던 것이 아니라 오히려 러시아인들이 유럽의 여러 민족을 그토록 사랑했던 것이 이유라고 강변한다. 결국, 러시아가 세계 모든 민족을 그리스도의 복음에 따라 '완전한 형제적 합의'로 이끌어내고 말 것임을 확인한다. 청중들의 열광적인 환호와 히스테리를 불러일으킨 이 푸시킨 동상 제막식 연설은 러시아의 유럽에 대한 열등감을 일거에 해소하는 듯했고, 특히 제막식에 참여한 투르게네프와 악사코프로 대표되는 서구파와 슬라브파의 일시적 화해 분위기를 연출했다.[54]

도스토옙스키의 새로운 유토피아의 근거가 되는 민족주의는 그의 다른 주요 관념과 마찬가지로 모순을 내재하고 있다. 그가 《작가의 일기》 속에서 전 세계의 화합과 조화를 주장하면서도 러시아의 메시아니즘에 의해 중앙아시아와 시베리아의 아시아계 타민족과 그 국가의 병합까지 주장하는 전투적 쇼비니즘으로까지 치닫는 부분에서[55] 그 모순이 드러난다. 그러나 그의 모든 모순이 그렇듯이 그것은 작가 자신이 경험하는 긍정을 위한 부정의 단계에서 표상된 역설적 신념의 과잉 노출 또는 다성악적 발언이기도 하다.

《작가의 일기》는 첫 출간 이후 회를 거듭할수록 주로 사회적 이슈의 숨겨진 의미에 대한 해석을 제공하는 주요 매체가 되어 작가를 시대의 선지자 또는 예언자로 만들었

---

54) 도스토옙스키는 부인 안나에게 보낸 1880년 6월 8일자 편지에서 자신의 연설에 대한 관중의 열광적 환호와 특히 슬라브파와 서구파 거두들의 화해의 몸짓을 묘사하며 감격에 겨워한다.

55) 1881년 1월호의 〈게오크테페, 우리에게 아시아는 무엇인가?〉 참고.

으며, 작가 자신에게 자신감을 불러일으켜 목소리의 톤을 높이게 했다. 그는 자신만의 독특한 대화적 기법에 의한 《우스운 인간의 꿈》, 《보보크》, 《온순한 여자》와 같은 순문학 작품을 이 《작가의 일기》 속에 포함시키는가 하면, 정치 사회적인 문제들에 대한 평론 속에 심오한 통찰과 강변을 구사했다. 그리하여 수많은 독자에게서 존경과 찬사, 때로는 격렬한 반발과 비판이 담긴 편지를 받고, 이에 대한 답변과 논쟁을 다시 이 《작가의 일기》에 게재해서 독자와 대화의 장을 열어 갔다. 도스토옙스키는 시대적 요구에 부응하고 나아가 시대를 이끌고자 한 것이며, 선구적 소설 미학과 함께 자신의 주요 이데올로기와 형이상학적 사유 체계를 저널리즘 속에서 특이한 문체로 형상화하고 그것을 전파하는 데도 성공적이었다고 할 수 있다.

이 책은 예술 미학, 정치, 역사, 사회, 교육 등 주요 담론별 주요 작품, 또는 평론, 소품 등을 초기(1873)와 중기(1876~1877), 후기(1881) 작품 중심으로 가장 중요한 그의 이념과 미학, 문제가 되는 평론, 그리고 현대적 감각에 맞는 글을 꼭지별로 발췌했다.

《작가의 일기》는 원래 1873년 《그라즈다닌(시민)》지에 발표한 16개 평론 또는 시론, 1876~1877년에 간행한 월간 《작가의 일기》, 1880년과 1881년 한 번씩 발간한 《작가의 일기》를 미망인 안나 도스토엡스카야가 모아 혁명 전판 전집에 포함시킨 것이다.

본 번역의 원전은 페테르부르크의 구소련 과학아카데미에서 1972~1990년간에 발간한 《도스토엡스키 전집(Ф. М. Достоевский, Полное собрание сочинений)》에 포함되어 있으며, 이 전집 속의 《작가의 일기》 부분은 1980년부터 1984년까지 4년간 출판되었다. 《작가의 일기》는 이 전집의 21권부터 27권까지에 실려 있다.

그리고 이 책의 《작가의 일기》 원문과 해설 속의 도스토엡스키 저술의 원문은 위의 《도스토엡스키 전집 총 30권》에서 발췌한 것이며, 옮긴이의 《도스토엡스키의 유럽 인상기》(서울, 푸른숲, 1999)와 이종진 번역의 《신과 인간의 비극》(서울, 문학세계사, 1982)을 일부 참조했다. 영문 번역본은 《Dostoievsky, F.M., The Diary of a Writer》(trans. Boris Brasol, Santa Barbara and Salt Lake City: Peregrine Smith, Inc., 1979)를 참조했다.

끝으로 많은 도움을 준 가족과 배재대학교 제자들과 지식을만드는지식에게 감사를 드린다. 돌아가신 이철 교수님 영전에 이 책을 바치고 싶다.

지은이에 대해

톨스토이와 함께 19세기 러시아 문학의 거봉으로 일컬어지는 표도르 미하일로비치 도스토옙스키(1821~1881)는 세계문학사상 가장 중요한 작가, 철학자, 또는 심리학자다. 특히 그는 현 시점에서 문명사회의 위기를 예고한 예언자적 면모로 다시 부각되어야 할 인물이기도 하다. 그는 솔제니친 등 러시아의 후대 문학계뿐만 아니라 카뮈, 카프카, 조이스, 버지니아 울프, 헤세, 앙드레 지드, 마르케스, 파묵, 루쉰 등 20세기 전 세계 작가와 니체, 프로이트 등 사상계, 심리학계에 지대한 영향을 미치고, 프랑스 실존주의 철학에도 큰 영향을 준 작가다.

모스크바 마린스키 빈민 병원의 군의관의 둘째 아들로 태어난 도스토옙스키는 가난과 질병에 시달렸다. 그는 혁명 운동에 관여해 사형선고(1849)와 시베리아 유형(1850~1859)을 체험했다. 그의 문학적 출발은 1846년 발표한 《가난한 사람들》, 《이중인격》 등으로 가난하고 소외된 소시민, 민중, 지식인에 대한 연민과 희망의 근거에 대해 천착했다. 그러나 사회주의 연구 모임인 페트라솁스키 모임에 관여해서 사형선고와 10년간의 시베리아 유형 및 강제 복무 생활을 경험하며 인간과 민중 문제에 천착하고, 인간 존재의 문제와 함께 '신'과 '종교'의 문제로 화두를 옮기며 사회적 문제의식을 심리 철학적 수준에서, 그리고 윤리적 · 종교적 차원에서 성찰하며 창작에 임했다. 그는 1860~1870년대, 1881년 1월에 사망하기 직전까지 왕성한 창작열로 《죽음의 집의 기록》, 《죄와 벌》, 《악령》, 《백치》, 《지하생활자의 수기》, 《카라마조프가의 형제들》 등을 발표해 그의 독특한 사상 체계와 소설 미학을 완성했다. 특히 유형 후 철학, 정치, 사회학적 측면에서 그는 러시아 민족주의로 방향을 전환하고 러시아 정교를 신봉하는 보수적 견해로 변신을 표방하며 《작가의 일기》를 통해 새로운 저널리즘 문학을 시도하기도 했다.

> 시스템을 회복한 후 추호의 흔들림 없이 게임에 임해서 곧 어려움 없이 다시 3천 프랑을 땄어. 생각을 해봐. 그 후에 내가 이 시스템을 엄격히 지켜나간다면 내 손에 행운이 그대로 잡힐 것이라는 것을 어찌 믿지 않을 수 있을까. 내게는 돈이 필요한 거야. 여기서는 몇 만씩도 우습게 딸 수 있어. 그래서 당신들 모두를 구하고 나에게서 불행을 막아내고자 갔던

거야. 더구나 그 시스템에 대해 확신을 하고. 그런데 정말 바덴에 가서 원탁에 앉자마자 약 15분 만에 600프랑을 땄어. 이것이 나를 흥분시켰어. 그런데 갑자기 잃기 시작했고, 곧 나는 침착함을 잃고 돈을 몽땅 날려버렸어.

도스토옙스키가 독일에서 자신의 형에게 쓴 편지의 한 대목이다. 그는 알려진 대로 유명한 도박꾼으로 주로 유럽을 여행하며 돈을 출판업자와 친지들에게 구걸하다시피 하며 소설을 집필하면서도, 룰렛에 미쳐 임신 중인 아내의 옷과 물건까지 전당포로 가져갈 정도의 무뢰한이었다.

그는 이미 사형선고와 시베리아 유형 체험을 통해 극단의 정신적 · 육체적 체험으로 인한 극한의 인격과 그 체험 결과를 깨닫고 있었다. 자신이 창조한 주인공들의 모델은 많은 경우 작가 자신과 그의 내면세계이기도 했다. 그는 도박에 대한 자신의 시스템까지 만들어 이를 실험하고자 많은 돈을 탕진하는 듯하다. 그는 체험을 위해 자신을 대상으로 한 실험까지 감행했던 것이다.

원래 예술은 치열한 것이고 러시아 예술의 정신은 더욱 그렇지만, 작가로서 도스토옙스키는 흔히 자신을 던져 생체 실험과 같은 고통이 수반된 혁명가, 죄수, 사형수, 간질 환자, 도박자로 몰아가거나 그러한 격렬한 삶을 자초했던 것으로 보인다. 도스토옙스키는 그의 주인공을 창조하는 데 잔인하기까지 한 집착을 보였고, 그래서 '잔인한 재능'을 타고 난 '천재'로 불리기도 했다. 그의 연인과 가족, 또는 친구에 대한 사랑과 우정도 비슷한 방식으로 열정과 집착이 지배했다. 이러한 도스토옙스키의 집착과 열정은 때로 어두운 색으로 일반 독자를 소름 끼치게 한다. 이러한 작가의 개성과 재능은 이미 레오니트 그로스만, 에드워드 카, 앙드레 지드, 요네가와 마사오를 비롯해 전 세계의 연구가, 전기 작가들에 의해 증언되었고, 존 쿠시 같은 뛰어난 현대 작가에 의해서도 증언되고 있다.

도스토옙스키의 소설 속 인물들은 주로 러시아 하층민, 비극적인 삶을 살아가는 지식인, 몰락한 귀족과 그 자녀 등이다. 그들은 유럽 문화의 영향으로 급속히 서구화, 세속화되어가던 당시의 러시아 사회 속에서 고통에 시달리며 신음하는 모습으로 그려진다. 결국 작가의 사상과 미학은 늘 모순과 갈등으로 점철된 근원적 인간존재의 문제와 함께, 19세기 유럽의 영향으로 형성된 산업 사회와 과도기적 러시아 사회의 어두운 모습에 초점이 맞춰져, 동요하는 역사의 흐름을 드러내 보이거나 비극적 전망을 예견하는 데까지 이른다.

1860~1870년대를 거쳐 말년의 1881년까지 그는 거의 모든 소설과 《작가의 일기》를 통해 비극적 러시아 역사의 전개, 즉 서구 유물론과 합리주의에서 유래한 러시아 · 유럽의 사회주의, 공리주의, 배금사상의 위험성을 경고하고 러시아 민족의 정신적 갱생을 부르짖었다. 도스토옙스키의 궁극적인 목표는 인위적 유토피아가 아닌 인본주의에 바탕을 둔 '유토피아 세계', 즉 그리스도가 부활한, 진정한 신과 인간의 화해가 이루어진 이상적 사회를 제시하는 것이었다. 그러나 도스토옙스키 미학의 특징은 이러한 다양한 체험과 변신에 의해서 대단히 복합적이고 때로 죄와 악을 거치며 유보와 모순과 갈등을 관통해서 전개되는 상징적인 철학 체계로 구축되어 있다는 점이다.

도스토옙스키가 사회주의와 유물론과 합리주의를 반대하고 신앙과 기독교를 옹호한 점과 관련해서 현대 자본주의 체제와 기독교는 그에게 빚을 지고 있다. 20세기 소련 사회주의 체제하에서도 솔제니친과 발렌틴 라스푸틴, 바흐친 등 수많은 러시아 작가와 사상가, 시인이 도스토옙스키 미학의 세례를 받았고, 나아가 도스토옙스키는 20세기 초 이래 전 세계문학, 연극, 영화 등 거의 모든 예술 장르와 상징, 실존, 상대성, 심리 등의 철학과 과학 담론에 이르기까지 지대한 영향을 미치고 있다.

옮긴이에 대해

이길주는 한국외국어대학교 러시아어과에서 학사 학위를 받고 미국 몬터레이 인스티튜트 오브 인터내셔널 스터디(Monterey Institute of International Studies)에서 석사 과정 후 학위를 받았다. 한국외대에서 〈도스토옙스키의 《작가의 일기》 연구〉로 박사 학위를 받았다. 러시아 이르쿠츠크국립대학교 교환교수, 일본 북해도대학교 슬라브연구소 연구교수, 한국시베리아학회 회장, 유라시아문화연대 상임대표를 지냈다. 한양대학교 중소연구소 상임연구원, 외대 통역대학원 강사를 거쳐 배재대학교 러시아학과 교수로 정년퇴임했다. 논문으로는 〈도스토옙스키와 시베리아〉, 〈도스토옙스키의 민족주의와 반유토피아 사상〉, 〈시베리아 연구의 역사〉, 〈Siberia-Asia : Dostoevsky's "Regeneration" and Ideas within Eurasian Spatial Images〉 등이 있다. 한국 한류의 근원 문제와 시베리아, 도스토옙스키의 문학 세계와 함께 시베리아와 유라시아의 역사와 정체성 등에 관심을 두고 연구 중이다. 저서로 《도스토예프스키의 세계관, 예지와 명언》, 《동시베리아의 역사, 정치, 경제》(이르쿠츠크 국립대학교 출판부), 《한류와 유라시아 말춤》 등이 있으며 공저로 《시베리아 개발은 한민족의 손으로》, 《바이칼, 한민족의 시원을 찾아서》가 있다. 번역 및 편역서로 《고조선》, 《대리석》, 《끄르일로프 우화집》, 《도스토예프스키의 유럽인상기》, 《작가의 일기》, 《카라마조프가의 형제들》, 《러시아 지역연구》, 《러시아의 역사 1》, 《러시아, 러시아인》, 《실무 러시아어 강독》 등이 있다. 이 외 문학 및 문화 평론이 다수 있다.

원서발췌 작가의 일기

지은이 표도르 도스토옙스키
옮긴이 이길주
펴낸이 박영률

초판 1쇄 펴낸날 2012년 3월 12일
개정1판 1쇄 펴낸날 2026년 1월 20일

지식을만드는지식
출판등록 제313-2007-000166호(2007년 8월 17일)
02880 서울시 성북구 성북로 5-11
전화 (02) 7474 001, 팩스 (02) 736 5047
commbooks@commbooks.com
commbooks.com

ISBN 979-11-430-1705-5 03890

책값은 뒤표지에 있습니다.